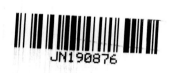

やさしすぎる「あなた」のための

しんどくならない

コミュニケーション図鑑

イラスト／カマタミワ

著／トキオ・ナレッジ

Gakken

はじめに

職場や日常生活において、
私たちはさまざまな人々と関わりながら過ごしています。
押しが強い人、**話が長い人**、
心配性の人、**なんでも悪く取る人**……など、
個性的な人たちも含まれていることでしょう。

こうした個性は、その人らしさが光る素敵な一面であると同時に、
時には「ちょっとしんどいな……」と
感じてしまうこともあるものです。

特にあなたが普段から人の気持ちを大切する
心根がやさしい人ならば、角を立てずに接しようとするあまり、
相手とのやり取りに気疲れをしてしまっているはずです。

しかし、だからといって無理に自分自身を変えたり、
逆に相手に合わせすぎたりする必要はありません。
少し見方を変えたり、ささやかな工夫を取り入れたりするだけで、
「しんどくならずに」人と関わることができるようになります。

- **押しが強い人**に対しては、ただ押し返すのではなく、
  相手の勢いをうまく活かしながらwin-winの関係を築く方法。
- **話が長い人**には、相手を尊重しながらも、
  さりげなく会話を切り上げるコツ。
- **心配性の人**には、安心感を与えつつも、建設的に話を進める工夫。
- **なんでも悪く取る人**には、
  ユーモアを交えて雰囲気を和らげる方法。

このように、日々の人間関係を少しでも楽にするための
実践的なアプローチを、具体例を交えてご紹介します。

「あの人と話すと、なんだか疲れてしまう……」
そんなふうに感じたことがある方も、
本書を通じて「なるほど、こうすればいいのか！」
「思ったより気楽につき合えそう！」と思えるようになるはずです。

あなたがこの本を手に取ったのは、
「もっと人といい関係を築きたい」
「しんどさを減らしながら、気持ちよく人と関わりたい」
という前向きな気持ちがあるからではないでしょうか。
その気持ちがあれば、
相手への見方や接し方を少し工夫するだけで、
日々のコミュニケーションは驚くほど変わります。

本書が、〝やさしすぎるあなた〟にとって、
無理をせず、自然体で心地よい関係を築くための
小さな支えとなれば幸いです。

では、深呼吸をして肩の力を抜き、
さまざまな個性を持つ人々とのやりとりを、
軽やかに楽しむ旅に出かけましょう。

トキオ・ナレッジ

あそこに行かないと負け組！
こっちがいいー
勝ち組
お…俺が時代をつくる…!?
ヨッ！新世代！
変えていこう！
デートスポット情報なら任せて！
女友達と
ムダかも…
こっちも見て！
はいはい！

CONTENTS

CHAPTER 03

ヤバめの上司に対応する

CHAPTER 04

危険な先輩・後輩と歩調を合わせる

EXTRA CHAPTER

ダメな自分をマネジメントする

※本書は『タウンワークマガジン（https://townwork.net/magazine/）』の連載記事「コミュ力養成講座」「ワタシのトリセツ」を加筆・再編集したものです。

CHAPTER 01

個性的な人々を攻略する

個性的な人々との対話ほど
気を使ったり、疲れたりするもの。
本章では、押しの強い人からカタカナ語好き、
自称・恋愛マスターまで、独特な相手と
うまく渡り合うための
具体的なメソッドをお届けします。

CASE 01

一旦持ち帰って後日お返事で！
ぐいぐいぐい
どうなの!?どうなの!?

グイグイくる人

CASE 02

ウフフフ…嫉妬する必要はないのですよ…
せんぱーい
暖かい……

悪口を言う人

CASE 03

話が長い人

CASE 04

勝ち組
あそこに行かないと負け組！
へー私はあんな所行きたくなーい
こっちがいいー
えっ

カタカナ語を使いたがる人

CASE 05

アターック!!
昨日のプレゼン…
あれ？
俺のつくったフォーマットが…
神でした!!
すごいです!!

マウントを取る人

CASE 06

あなただから言いますけど…
ハッ
オープンザハート！

ゴシップ好き

CASE 07

デートスポット情報なら任せて！
女友達と行くんですよ～

自称・恋愛マスター

CASE 08

キミから新しく変えていこう！
ヨッ！新世代！
ドキドキ…
お…俺が時代をつくる…!?

超体育会系

CASE 01

グイグイくる人

UNIQUE PEOPLE

一旦持ち帰って後日お返事で！
ぐぃ
ぐぃ
ぐぃ
どうなの!?
どうなの!?

攻略法

自分のペースをキープしてつけ入る隙を与えない

グイグイくる人とは

積極的な人というのは魅力的に映るもの。ただ、度を超すと途端に面倒な人になってしまいがちです。彼らには、**①自分の意見の主張が強く他人の話を聞かない、②行動力があるがゆえに自分のペースを強引に押しつける、③興味がありあまるためにしつこくなる、④どんな相手でも素早くプライベートへ踏み込める**、という4つのいきすぎポイントが存在します。

TPOなんて一切おかまいなしの彼らですが、さらにやっかいなのは本人に悪気がなさそうだという点でしょう。これはすなわち、注意しづらいという面倒くささも兼ね備えているといっても過言ではありません。また、触らぬ神に祟りなしで、下手に〝注意しないほうがいい〟場合が多いのも、知っておくべき重要なポイントです。

グイグイくる人の生態

人の話に割って入る

その件で今度先方と…
だったら…
あー！ 恋塚さん この前のゴルフ どうでした〜？
私も次の日、出張じゃなきゃ行きたかったんですけどー いくつで回ったんですか

自分のペースを押しつけがち

今度また行こうよ…
ぐいぐい
えー 今度いつ行きます？ 来週は？ メンバーはどうします？ じゃあ 私から テキトーに 声かけとくんで 決まったら 連絡しますね
いや 来週の 予定はまだ…
あとにするか…
……

しつこい

その日はちょっと予定があって…
ぐいぐいぐい
じゃあ用事がない日でいいよ いつならいい？ 予定って何？ 仕事関係？ さすがに 1日中ってことは ないでしょ？ 時間によっては 半日くらい空かない？
どうなの!? どうなの!?

誰とでもすぐ仲良くなる

アハハハ
あれって凹凹商事の 人だよね？ 勢木さんが 担当だっけ？
違うんですけど たまたま食堂で 食券の買い方を教えてたら 仲良くなったらしくて…
昨日、家で朝方まで 飲んでたらしいですよ…
すげーな……

お近づきになるための 4ステップ

1歩目
会話への割り込みには〝ガン見が有効〟

ちょっと聞いてくださいよ～
この間 部長に出張を頼まれた時に～
えっ!? あぁ…うん
うんうん…
ハッ
え…私…
放置」…？

会話への割り込みに対処するには、割り込んだ相手ではなく、その**割り込みを受け入れた人をガン見する**のが効果的です。「え？　まさか、私のことを放置するつもり？　それ、正気ですか？」という驚愕の眼差しを送り、割り込みを受け入れた人の意識をこちらに戻させます。**優先順位を選ばせる状況をつくる**ことで、ムダな放置時間は確実に減るでしょう。

2歩目
その場で決めない

じゃあ私 木曜日が空いてるんで木曜にしようよ
韓国料理の店でいいよね？
辛い料理にハマってて～
STOP!
まだわからないんで明日返事しますね！

予定を押しつけられないためには、**グイグイくる人の提案をすべて一旦保留にする習慣を持つことが大切**です。「内容次第で……」と妥協することはせずに、何を言われても「返事はあとで」と決めておけば、**相手の勢いに流されず冷静に対応**しやすくなります。この方法を習慣化することで、不要なストレスを減らし、自分のペースを守ることが可能です。

3歩目
断る時に理由をつけない

あーっ！使わない時貸してほしい！
ハンディー扇風機!!
てか亜里ちゃん今日ずっと社内だよね？
今使ってないよね？いい？
ダメです貸しません
きっぱり

グイグイくる人を断る際は、**交渉の余地を与えないことが重要**です。曖昧な理由で断ってしまうと「交渉すればいける」と思われ、断り続けても交渉がエスカレートして、最後に折れてしまう可能性が高まります。ここは心を鬼にして、**「ダメなものはダメ！」と理由を示さず、きっぱりと対応**しましょう。毅然とした態度は、自分を守る最善の手段です。

4歩目
割り込み隊長の役割を与える

あれって△▼商事の方ですよね？
挨拶しておきたいんですけど急に声かけたら変ですかね～？
よろしくお願いします
え？ぜんぜんいいんじゃない？私が声かけてあげるよ
さすがですっ！

グイグイくる人の長所は、その類稀なる積極性です。**声をかけづらいシチュエーションで非常に頼りになり、フォローすれば円滑に事を進められます**。明るい性格のため、利用されたと感じることも少なく、彼らのグイグイ感をうまくポジティブなほうへと変換できるでしょう。**その一方で、適度な距離感を保つことも、良好な関係を築くためには重要です**。

CASE 02

悪口を言う人

UNIQUE PEOPLE

ウフフフ…嫉妬する必要はないのですよ…
暖かい…
せんぱーい

攻略法

自ら心を開いて信頼を得る

悪口を言う人とは

悪口が多いと、周囲の人は精神的な負担を感じるものです。特に職場で毎日顔を合わせるとなると、仕事のモチベーションやパフォーマンスに影響を及ぼします。避けられない場合もあるので、別の対処法を講じる必要があるでしょう。悪口が多い原因としては、主に〝現状への不満〟と〝自己肯定感の欠如〟が考えられます。自分には状況を変える力がないと思い込み、そのストレスを発散するために悪口を利用するのです。また彼らには、**①他人の成功や幸せに敏感で嫉妬しやすい、②悪口を通じて仲間を増やそうとする、③物事を悪い方向にとらえがち、④他人を下げることで自分の価値を高める**、といった特徴があります。これらを理解し、話題をポジティブな方向に転換するなどの工夫で、状況を改善していきましょう。

悪口を言う人の生態

すぐに嫉妬する

恋塚のやつ いっつも 女子社員と ぺちゃくちゃ しゃべりやがって… あいつの知識なんて 全部ネットの 受け売りのくせによ!
アハハハ
そ そうなんですか…
必死だな…

悪口で仲間意識を高めようとする

あんなのが上に いるからうちの部署は ダメなんだよ
おまえらも 不満あるだろ? 俺が全部聞いて やるから言えよ
そうですねー 俺もおかしいと 思うんですよね!
僕も ありますよ! この前 僕の ミスじゃないのに〜

ネガティブな思い込みが強い

えー
やだそれ ホント?
あれ 俺の悪口 言ってんだよ
えっ
いやー そんなこと ないですよー 被害妄想ですって
いーや! そんなことあるね ほら今チラッと こっち見た!

他人を下げて自分を認めさせたがる

恋塚さん 最近 大きいプロジェクト 任されること 多いですね
まぁ ついてる 後輩たちが 優秀だからね〜
恋塚って確か 2浪だった よな?
R大だっけ? 俺もK大落ちてたら R大行って たんだよなー
R大って 郊外じゃん? 俺、都心育ちだから〜

お近づきになるための 4ステップ

1歩目

持ち上げる

悪口を封じるには、根本原因である自信のなさや現状への不満を解消してあげることが重要です。特に嫉妬心から出る悪口の場合は、相手に「嫉妬の必要がない」と感じてもらうことが効果的。適度に持ち上げて、その人の心を和らげましょう。しかし、あからさまな賛辞はプライドを傷つけてしまうことも。さりげない表現を使い、本心のように見せるのがポイントです。

2歩目

過剰に便乗する

悪口で仲間意識を高めようとする人には、過剰に便乗して相手を引かせるのが有効です。悪口を言う人の多くは、言葉ばかりで直接の行動には出ません。そのため、悪口に乗って行動を起こそうとする積極的な姿勢を示せば、相手は驚いて引いてしまいます。そして「この人は乗せると危ない」と思い、あなたの前で悪口を言いたくなくなるでしょう。

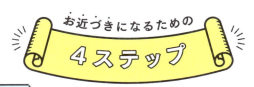

3歩目 積極的に輪に入れる

あ 府万さん！
ちょっとみんなで
話してたんですけど
これって
どう思います？
年上の意見も
聞かせてください
え なになに？
俺でよければ…

ネガティブな思い込みが強い人には、**そもそもネガティブな発想をさせないような環境をつくる**のがベストの対処法です。相手がこちらを気にしているような様子を見せたら、積極的に話の輪に誘ってみてください。そうして不安や孤立感を和らげることで、相手はネガティブな思考に陥りづらくなり、**悪口を生み出す被害妄想を抑える**ことができます。

4歩目 些細なことでも褒める

あ 府万さん
今日のネクタイ
かわいい！
センスいいですね！
そう？
ありがとー！
好井ちゃん
わかってんねー

人と自分を比較してしまう人には、**褒めて自己肯定感を高めてあげます**。どんな些細なことでもかまわないので、褒めるポイントを見つけましょう。ただし、ここでもあからさまな褒めは逆効果のため注意が必要です。**裏を疑われてネガティブな発想を誘発する**可能性があります。自然な褒め言葉を少しずつ積み重ねることで、相手に自信をつけさせていくのです。

CASE 03

話が長い人

UNIQUE PEOPLE

攻略法

話を途切らせて相手のペースを崩す

話が長い人とは

話が長い人は、一緒にいると疲れてしまう典型的なタイプです。彼らの会話は一方的で、テンポもオチもない場合が多いでしょう。たまに質問をしてきても、すぐに自分の話へと戻ってしまうため、なかなか会話が成立しません。本来は楽しいはずのおしゃべりが、苦痛に変わってしまうのです。話が長い人の特徴としては、**①本題が終わってからが長く、雑談が延々と続く、②話が脱線しまくり、話題があちこち飛んで本題を見失う、③相手の都合を考えずに時間や状況を無視して話し続ける、④質問すると過剰に話し込まれてしまい、聞きたい回答を引き出すのに多くの時間がかかる、**という４つが挙げられます。疲弊しないように話を切り上げるタイミングを逃さず、相手のペースに乗らないことが目標です。

話が長い人の生態

本題が終わってからが長い

じゃあ 大阪営業所の担当に連絡しておいて
長かったけどやっと終わったぁ
はい！ じゃあ私はこれで…
それにしても大阪の人って本当におしゃべり好きな人多いよね ずーっとしゃべってるの 時給取ってやろうかと思うよ この前もさぁ〜
はぁ…
私にも時給ください

話が脱線しまくる

先方から聞いたことを伝えるからまとめてね まずイベントの会場なんだけど △□デパートの催事場で そこ行ったことある？
私去年行ったんだけど その時は北海道の物産展やっててーあ！ そうそう！ そこで買ったイクラがめちゃくちゃおいしくてー！ 2人ともイクラ好き？ あ イクラと言えばこの前食べたお寿司が
…これはまとめなくていいよね？
いいと思う
ヒソヒソ

相手の都合を考えない

でね 腹立ったから言ってやったの そしたら逆ギレしてきてさー
おかしいと思わない？ で 前にも同じことあったのー 話したことあったっけ？ 覚えてる？ ねぇ？
ねぇねぇ
カタカタ
カタ…
そ そうなんですねー
あー ぜんぜん進まねー…

1聞いたら10返ってくる

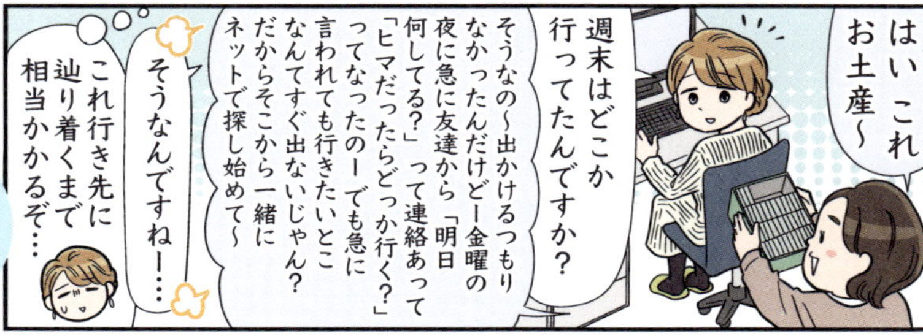
はい これお土産〜
週末はどこか行ってたんですか？
そうなの〜出かけるつもりなかったんだけどー金曜の夜に急に友達から「明日何してる？」って連絡あって「ヒマだったらどっか行く？」ってなったのー でも急に言われても行きたいとこなんてすぐ出ないじゃん？ だからそこから一緒にネットで探し始めて〜
そうなんですねー…
これ行き先に辿り着くまで相当かかるぞ…

お近づきになるための 4ステップ

1歩目 スマホのアラーム機能を活用する

話が長い人と話す必要がある場合には、**あらかじめ離れる手段を整えておく**のが有効。簡単なのは、スマホのアラームを活用する方法です。事前にアラームを、着信音に似た音で、話し終えたい時間に設定します。アラームが鳴ったら電話がかかってきたフリをして場を離れ、その際「長くなりそうなので失礼します」と**戻らないことを明確に伝えましょう**。

2歩目 脱線には脱線を！

話が脱線しがちな人には、**さらに話を脱線させるという逆転の対処法**があります。脱線に脱線を重ねて話を本題から離すことで、相手から「本題に戻そう」という気持ちを引き出せるのです。ポイントは、**「〝私も〟脱線しちゃいますけど」と前置きする**こと。これにより、相手に「自分が最初に脱線した」という自覚を持たせ、以降の脱線を防ぐことにつながります。

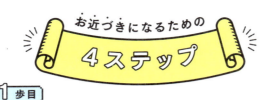

3歩目

別の何かにイライラする

そんなこと あったんですね〜
ッチ なんなのこの資料 ふざけんなよ
あすいません 続けてください …あー マジキレそう
あうん あでもなんか 忙しそうだし 大丈夫！

話を切り上げたい時は、ものに文句を言うことで**相手にイライラを間接的に伝える**のが効果的です。相手は察する力が弱く、曖昧な態度では気づきません。とはいえ、上司や先輩には直接不満をもらせないため、**資料など目の前のものに不満をぶつける**形にします。怒りを感じさせることで、たとえ察しが悪い相手でも気まずくなり、話が終わりやすくなります。

4歩目

アンサーをもらわずクイズを始める

週末はどこか 行ってたんですか？
そうなの！もともと 出かけるつもり なかったんだけどね 友達から急に 連絡が来て〜
ハイ！
あっ 待ってください 当てます！
ハイハイ!!

1聞いて10返される時は、**会話をクイズ形式に持ち込みましょう**。たとえば「どこか行ったんですか？」と質問し、相手が経緯から話し始めたら「当てさせてください！」と提案します。当てられれば新たな話題で盛り上がり、外れても適度な会話で済んで楽しく終われます。ただし、**重い話題ではこの方法は向かない**ため、場合を見極めることが大切です。

CASE 04

カタカナ語を使いたがる人

UNIQUE PEOPLE

ピチュピチュ…
勝ち組
あそこに行かないと負け組！
へー私はあんな所行きたくなーい
こっちがいいー
えっ

攻略法

異なる価値観の存在を示す

カタカナ語を使いたがる人とは

会議や企画書で飛び交う「エビデンス」「アサイン」などのカタカナ語に戸惑う人は少なくありません。日本語のほうがわかりやすいのに、**あえてカタカナ語を使われると意味がわからず混乱**してしまうものです。**これらを多用**する人は、「最新のカタカナ語を使う自分がカッコいい」と自己アピールしている場合が多く、中には**意味を正確には理解せずに使っている**ことも。また、彼らは**「勝ち組」「負け組」と他人を分類**したり、**肩書のある人と付き合いがあるのだと人脈自慢**をしたりする傾向にあります。こうした人たちは**すぐに見分けがつきやすい**ですが、職場やチームで関わる場合は避けられないため、できるだけ円滑なコミュニケーションを心がけたいもの。相手のことを理解しつつ、自身の負担を軽減する工夫が必要です。

カタカナ語を使いたがる人の生態

会話にカタカナ語が多すぎる

さっきのブレストのアジェンダすぐ送れる? 俺がスキームつくるから
キリッ
明日はリスケして先方と新しいスケジュールをフィックスしといて 上には俺がネゴっとくわ あと一応さっきの資料エビデンスとっといて
は…はぁ…

ニュアンスで使っているので日本語で説明できない

あのさっき「マイルストーンを決めて」っておっしゃいましたけど… すみません意味がわからなくて
なんだよそんなことも知らないのかよ
あの…日本語で言うとアレだ中間地点というか…通過点というか…
…あの…業務を進めるときの途中の目標ってことだよ……たぶん

勝ち組か負け組かにこだわる

サラリーマンやってるうちは負け組だと思うんだよねやっぱ勝ち組になるには起業しなきゃでしょ
チラッ
ベンチャーでビッグデータを！インベーティブとしたビジネスでグローするぜ
ルー大柴さん?

人脈自慢をしたがる

この前 友達のフォロワー10万人のインスタグラマーとBBQして～ オンラインサロンもやってるIT系の社長とゴルフ行くんだけどさ～
チラッ チラッ
今度友だちがBAR開くんだけど行く?
へ～…そうなんですね…
行かないです…

お近づきになるための 4ステップ

1歩目 もう一度、聞き返す

じゃあ今回は好井さんが コンセンサス取って ゼロベースから ブレストして スキームつくっていこうか
あ…すいません もう一度 お願いします
?
えっ
え？もう一回？ …だから好井さんが 中心になって なんでもいいから 意見出し合って 枠組みをつくっていこうか

カタカナ語で指示するのをやめさせたい場合は、**もう一度聞き返す**のが有効な手です。カッコつけるためにカタカナ語を使う彼らにとって、聞き返されて改めてカッコつけるというのは恥ずかしいものです。2回目はたいてい日本語で言い直してくれるでしょう。このやり取りを毎回していれば、**最初からカタカナ語を使わずに伝えよう**とあきらめてくれるはず。

2歩目 影響を受けているアピール

今度のプロジェクト 細井さんをアサイン しようと思って…
あ今の「アサイン」 って言葉なんですけど 片金さんから聞いて 私も使っちゃってます
おん？ おぉそうなの？
パアアアア
いやおまそんな 余計なこと覚える前に 仕事覚えろよ～ ったく～

「あなたから影響を受けている」ということをアピールすると、頼み事をする際にうまくいきます。**自分が人に影響を与える存在だ**と知った彼らは、嬉しくて気分をよくするでしょう。表面上はカッコつけて喜びを隠していたとしても、**内心では大きな満足感を得ている**はずです。この方法を適切に活用することで、スムーズに協力を得られるかもしれません。

3歩目

価値観が違う人をぶつけてみる

やっぱいつか起業して勝ち組に入んないとさ～君たちも…
そうなんですね～でも起業家とかって絶対結婚したくないかも～
ムリムリ～! 収入不安定だし遊んでそう…
安定こそ勝ちだよね～仕事に縛られるとかマジ負けでしょ
え…そうなの…?

「勝ち組」「負け組」を決めつける人には、**異なる価値観の人たちと交流させる**ことが有効です。特に異性と話をさせると効果的で、相手が求めるものが自分の目指すものと違う場合もあると気づかせることができます。こうした経験を通じて彼らの視野を広げていけば、単純に人々を分類するような**凝り固まった固定観念を緩和する手助け**になります。

4歩目

人脈自慢には関係性を問い詰める

この前俳優の△○と飲んだんだけどさ～
へ～! すご～い! 仲良いんですか? 2人!?
ぐい
ぐい
もしどこかで会った時片金さんのこと言ったらわかります?
今LINEしてみてくださいよ～
たじっ
えいやみんなで飲んでるなかのひとりっていうか…
いつも酔ってるし…名前じゃわからないかも…
ゴニョゴニョ

人脈自慢には「すごいですね」と軽く褒めていなすのが最適です。相手を子どもだと思い、**広い心で「よかったね」と受け流す**のが穏便な方法でしょう。ただし、気に障ってそれが難しければ、具体的な関係性を問い詰めてみてください。多くの場合、**ちょっとしたつながり程度の関係に過ぎない**ため、相手は深く聞かれると困り、自慢をやめてくれます。

CASE 05

マウントを取る人

UNIQUE PEOPLE

アターック!!
あれ?
昨日のプレゼン…
俺のつくったフォーマットが…
すごいです!!
神でした!!

攻略法

相手の自信を底上げして マウントを取る必要をなくす

マウントを取る人とは

「マウントを取る」とは、自分が上位であることを誇示する行為を指します。日常的にこれを行う人の特徴として、**承認欲求が強すぎる**ということが挙げられます。評価されても満足できず、過剰に自己アピールして逆に自身の株を下げてしまっているのです。また、「間違いを認める」＝「マウントを取られる」と考え、**目下の者に対しては自分の非を認めません**。そして、マウントを取ろうとするあまり、**余計な口出しをしてしまう**こともあります。加えて、**比較して優劣をつけたがる**のも特徴的です。自分のことは棚に上げて、主観的に物事を判断します。学歴や年収、趣味など、あらゆる分野で独自に優劣をつけ、自分の優位性をアピールするのです。こうした行動は、過剰な承認欲求や不安感の表れと考えられるでしょう。

マウントを取る人の生態

承認欲求が強い

今回のプロジェクトは以前も社長直々に褒めていただいた私がつくったフォーマットに合わせて組んでいます
社外でも大変評価されてまして行く先々で「あの発想はなかったです！」なーんて言われたりするフォーマットでしてあれを思いついたのは……
クライアント
クライアント
いつ本題に入るんですかね？
ヒリヒリ…
いつものペースならまだ続くね…

間違いを認めない

山取さんの言う通りにやったんですけど…
その時のメモもありますし…
いーや言ってない
俺がそんなこと言うわけないだろ俺だよ？
お前がちゃんと理解してなかっただけだから！メモの時点で向違ってんだろ！

上から目線の余計なアドバイス

おいおい なんだ蕎麦の食べ方も知らないのかつゆにつけるのは半分でいいから
ぐぐいっ
なんでわさび溶かしてるんだよそんなのぜんぜん美味くないから俺の言う通り食べてみな
噛まずに喉で味わうんだよ
はぁ…
うるさくて味がしない…

なんでも比較して優劣をつけたがる

山取さんの同期って山取さん含め優秀な方が多いですよね
そんなことないだろーだってみんな給料低いしさまぁなかでも俺はちょっと上だけど
あと表彰の数も2つ多いか身長もいちばん高いし
最初にプロジェクト任されたのも～
そこまで比べなくても…

お近づきになるための 4ステップ

1歩目 先手を打って褒める

マウントを取る背景には、自信のなさが隠れています。**他人をおとしめることで精神の安定を図っている**彼らには、褒めて自信を与えましょう。特に承認欲求が強い人は、評価されていないと感じることでアピールを繰り返します。そのため、**無限ループに入る前に具体的な褒め言葉をかけて先手を打つ**のが得策です。日常的に褒めていれば自慢は減っていきます。

2歩目 指示を受ける時は録音を

間違いを認めない人には、**会話を録音しておく**とよいでしょう。録音があれば、間違いを認めるかどうかではなく、事実確認に集中できます。録音を提案する際は、あくまで自分の至らなさを理由にすると受け入れられやすいです。また、録った音声は**間違いを認めるかどうかの議論になる前に出してください**。あとから出すと相手を追い詰めてしまいかねません。

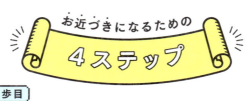

3歩目

持ち上げてスルー

山取さんのアドバイスって私にはまだレベル高すぎるんですよ〜
私にはまだ早いです〜
え？ いやそんなことないと思うけど…そうなの？
確かにキミにはまだ理解できないか――

上から目線の余計なアドバイスへの対処法としては、〝黙って聞く〟のが無難です。しかし、もしアドバイスに従わずに失敗すると、さらなるマウントを許してしまうのが悩みどころ。そこで「私にはレベルが高すぎる」というフレーズを使えば、マウントは取られても、アドバイスに従うことなく相手を持ち上げられます。自身のストレスを軽減できるでしょう。

4歩目

大人げない自分を見つめ直させる

同期のみなさんも「俺に比べたら山取は優秀だ」って言ってました！
面と向かっては言えないそうですけど…
え？ そうなの？
…いやでもみんなも俺よりすごいところはいっぱいあるよ
比べてどうとかじゃないと思うな――

なんでも比較して優劣をつけたがる人には、自分を見つめ直すきっかけを与えましょう。マウントを取る人は、基本的に他人の気持ちに無頓着です。そこで優劣をつけられる側の立場に立たせ、「マウントを取ったのは大人げなかった」と思わせることで、優劣をつける行為がいかに虚しいか気づかせるのです。ウソでも優しい言葉をかけ、相手の気づきを促しましょう。

CASE 06

ゴシップ好き

UNIQUE PEOPLE

あなただから言いますけど…
ハッ
オープンザハート!

攻略法

自ら心を開いて信頼関係を築く

ゴシップ好きとは

王道ではないものの、コミュ力を上げる最強のテクニックとして挙げられるのが〝ゴシップ情報〟です。ゴシップひとつで場の中心になれます。特に身近なゴシップは効果抜群ですが、失敗すれば人間関係が崩壊するリスクがあり、簡単には手を出せません。そんなゴシップを巧みに扱うゴシップ好きには、**①芸能スキャンダルにくわしい、②謎の情報網を持つ、③聞き手としてのスキルが高い、④仕入れた情報を盛って即広める**、という特徴があります。人間関係を壊さずに情報を操る才能を持ち、ある意味では**非常にコミュ力が優れている**と考えられるでしょう。ゴシップの発信者になることはおすすめしませんが、ゴシップ好きと親しくなることで、情報収集力や危機回避術、交渉術といったスキルを学べるかもしれません。

ゴシップ好きの生態

テレビを裏から楽しむ芸能通

昼休みの社員食堂で
昼ドラ
え〜ヤバい！これ略奪愛じゃん！
実際この2人付き合ってたしリアルだよね〜
先輩役の人が今カレじゃん？撮影現場が一番ヤバそう（笑）
そうなの!?

謎の情報網

恋塚さん 昨日の夜課長と飲みに行ってバチバチにやり合ったらしいですね〜
ニヤリ…
え!? なんで知ってるの!? 課長から聞いた？
課長からじゃないですよ〜
2人にだったのなぜ…

聞き上手の引き出し上手

わかりますわかります〜！私も思ってたんですよ
でそのあとどうなったんですか？
ヒソヒソ ヒソヒソ〜
わかってくれる？それが理由で恋塚と言い合いになったわけよ ここだけの話だぞ
誰にも言いません！
聞こえてますが…

すぐ言う＆すぐ盛る

それが原因で恋塚さんと課長が胸ぐら掴み合って〜
えー！
絶対ほかで言っちゃダメだよ？
すぐ言ってる！そして盛ってる！

お近づきになるための

4ステップ

1歩目

ちょっと前の情報をあえて出す

気持ちよく会話できる人だと思わせるコツのひとつは、相手を優位に立たせることです。特にゴシップ好きには、あえて古い情報を出し、自分のほうが新しい情報を持っているという優越感を抱かせるのが効果的。これなら相手を満足させつつ、周囲に媚びている印象を与えません。逆に、最新情報を披露して相手を打ち負かすと空気が悪くなる可能性があります。

2歩目

気になる情報を与える

ゴシップ好きと仲良くなるには、新しい情報を提供するのもおすすめ。ただし、自分が発信源になるのは避けるべきです。軽いヒントを渡す程度にしましょう。それをもとにゴシップをつかめれば、あなたを信頼できる情報源として見てくれるはずです。またその際、ゴシップの調査を促すのはNG。調査を頼んだとなれば、あらぬトラブルにつながります。

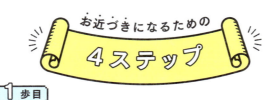

3 歩目

心を開いてプライベートゴシップを提供する

私 人事部の選田さん少し苦手なんですよね～どういう人なんですかね～
ここだけの話…
あーわかる！苦手って言う子けっこう多いのよ
実はここだけの話…
ボソボソ…

ゴシップ好きと距離を縮めるには、「あなただから」とプライベート情報を打ち明けるのが近道です。自ら心を開けば、相手もその分信用してくれやすくなります。ただしその際、「あなたにしか言ってないから誰にも言わないで」と明確に伝えることが重要です。情報源が自分と相手しかいないため、自ら口の軽さを露呈するような真似は相手もしないでしょう。

4 歩目

対等な情報を交換しておくべし

五志さんはいいな～苦手な人いなさそうで！
そんなことないよ～！私だってさ…
ハッ！
いるなら教えてくれますよね……？

情報漏えいを防ぐには、ゴシップ好き本人のレアなゴシップをつかんでおくと安心です。自ら秘密を打ち明け、それと交換する形で相手の秘密を引き出します。お互いにリスクを背負うことで、情報を漏えいしにくい状態をつくるのです。さらには秘密を共有していることで信頼関係を築けるため、比較的安心して相手との関係を維持できるでしょう。

CASE 07

自称・恋愛マスター

UNIQUE PEOPLE

デートスポット情報なら任せて！
女友達と行くんですよ～

攻略法

恋愛マスターとして崇めつつ恋愛観のズレをほのめかす

自称・恋愛マスターとは

恋愛の悩みはありふれたもので、相談に乗ってくれる人はありがたい存在です。ただし、そのアドバイスに説得力がある場合に限ります。自称・恋愛マスターに欠けているのはこの説得力で、自らの言葉を行動で示せていないのが問題です。そして彼らには**①性別で大雑把に決めつける、②心理テストが好き、③他人の恋愛に過剰に干渉する、④役立つ情報も持っている**、などの特徴があります。上から目線で相談に乗ろうとしてくるものの、不思議なことに恋愛がまったくうまくいっていない人ほど恋愛マスターを自称しがち。自らの恋愛経験を過剰に美化し、ちょっとした出来事を大げさにとらえ、経験豊富になった気でいるのです。そんな彼らと仲良くなるには、適度に共感して自己評価を傷つけずに接することが求められます。

自称・恋愛マスターの生態

鉄板フレーズは「女心がわかってない」

…ということから必ず20代女性には刺さると思います！
せんぱ〜い 女心わかってないっすよ〜 女子っていうのはもっと刺激を求めてるわけですよ
人によるかと…

心理テストが好き

動物がサーカスでクビになった理由は？
ぜんぜん言うことを聞かないから！
あまりにかわいくて人気が出たから？
サーカスでもてあますほどに…
私にも出してた！「密かに自分が気にしている欠点」がわかるやつ…
ていうかポニテの子このテスト知ってるな…

他人の恋愛に干渉したがる

え〜 まだあのダメ彼と付き合ってるの？
彼氏 めっちゃ説教したいわ〜 今電話する？
まぁまぁ うちの話はいいってー
はっこの声は恋塚さん…

アンテナの感度が高い

この前できたお店もう行った？
ファラフェルサンドの〜
まだなんですよ〜 行ったんですか？
うん！ヘルシーなのに食べ応えがあって想像の2倍美味しかったよ！イートインも居心地よくてランチデートとかにも使えそうだった！あとね…
情報が早い…
女子力も高い…

お近づきになるための 4ステップ

1歩目 人によって千差万別なことを知ってもらう

女や男といった大きなくくりで傾向を決めつける人がいますが、その考えは本やネットの受け売りである場合がほとんどです。そんな人には具体例を挙げ、**「考え方は人それぞれ」**とやんわり伝えてみましょう。当事者である異性が直接伝えると、より説得力が増します。それでも改善しない場合は、**冗談を交えつつもストレートに指摘する**ほかありません。

2歩目 心理テスト返し

自称・恋愛マスターにとって、心理テストは最強のコミュニケーションツールのひとつです。**新しい心理テストには目がない**ため、知らない心理テストを提供すると楽しんでくれて距離が縮まります。もし相手から知っている心理テストを出された場合は「知っている」とは言わず、**知らないフリをして喜びそうな答えを返す**と満足してもらえるでしょう。

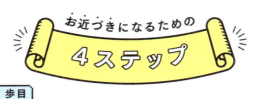

3歩目
恋愛の愚痴は言わない

遊山 彼氏いたよね？最近どう？
浮気とかされてないー？
うちはめっちゃラブラブなんですよ〜
浮気されたらその時はその時で！今幸せなんで〜
いいね…ハハハ

自称·恋愛マスターは、「アドバイスしたい」という欲求から他人の恋愛に首を突っ込んできます。この余計な口出しを避けたい場合は、恋人のよいところや幸せなエピソードだけを話すのがポイントです。うっかり愚痴をこぼすと、すかさず口出しされてしまいます。さらに、幸せな話題に集中することで自分自身も自然とポジティブになれます。

4歩目
情報くれるマンとして活用しよう

今度の土曜に谷中行くんですけど…
どこかおすすめあります？
いいねぇ！
呼んだ！？
だったら○×でテイクアウトして☆△をのぞいて…
さすが恋塚さん！相談してよかったー!!

楽しめそうなデートスポットやイベント、喜ばれるプレゼントなどにくわしく、困った時に相談すると役立つ情報を提供してくれるのは、自称·恋愛マスターのよいところです。ただし、必ずと言っていいほど「もしかしてデート？」と深く詮索してくる傾向があります。これが面倒な時は「同性と行く」と伝えてうまくかわすのがおすすめです。

CASE 08

超体育会系

UNIQUE PEOPLE

ドキドキ…
お…俺が時代をつくる…!?
ヨッ！新世代！
キミから新しく変えていこう！

攻略法

キーワードを駆使して相手の心を動かす

超体育会系とは

体育会系の人たちは爽やかで健康的、上下関係を重んじ、チームワークを大切にするため好印象を持たれやすいものです。とはいえ、フレンドリーで仲良くなりやすい反面、**お節介を焼きすぎる**傾向にあります。また**根性と気合で何事も乗り切ろうとする**ため、周囲は心配になります。直属の先輩や上司にとっては、根性と気合を押しつけがちで**伝統絶対主義な姿勢**が扱いにくいと感じることも。**デリカシーがなかったり**、声が大きすぎたり、いつも暑苦しかったり、細かな特徴もツッコミどころ満載です。ただし、**それらの特徴は対処次第でプラスに転じる可能性を秘めています**。彼らはよかれと思って何事も全力でやりすぎますが、適度にブレーキをかけさせれば、むしろ頼りになる存在へと押し上げることができるでしょう。

超体育会系の生態

面倒見がよすぎてメンドウ

よし！もう一軒
行きましょう！
先輩も溜まってること
ありますよね!?
今日は全部吐き出し
ちゃいましょう！
酒屋
ガッシ
あ いや…
うっ…うん
おつかれでーす

根性と気合で乗り切ろうとする

だ… 大丈夫かい？
ゴホゲホ
だ大丈夫です！
風邪ぐらい気合で
どうにでもなっ…
ブヘークショ
除菌
どうにも
なってねー…

とにかく伝統を重んじる

10年前にやめたって
いうズンズベラ踊り
新年会で
披露しましょう！
わが社の伝統を
復活させましょう!
ズン
…この踊りには
なんの意味が
あるんだっけ？
ズン…
知りません！
とにかく伝統
なんです！
ズン…

デリカシーがない

先輩 ボーナス
いくらでした？
え… なんで？
将来設計のためにも
知っておき
たいんです！
わくわくっ
いやぁ…
それはちょっと…
…ねえ？
いいじゃないすか！
僕と先輩の
仲じゃないですか！
うわぁ〜〜…

お近づきになるための 4ステップ

1歩目 家族や仲間を理由にかわす

よし！もう一軒行きましょう！
ごめん 今日は帰って父と一杯やる約束をしてるんだ
あっ そうでしたか じゃあ早く帰らないとですね！
おおっ

飲みの誘いを断りたい時、「朝早いから」「お酒控え中」といった理由は逆効果です。弱気な発言は彼らのやる気を刺激してしまい、逆に勢いづく可能性があります。最適なのは、家族や学生時代の仲間を理由にすること。彼らは絆に弱いため納得しやすいうえに、あなたの人望も上がります。ただし、恋人や配偶者を理由にすると効果が薄まるので注意です。

2歩目 精神論には仲間意識で対処

今日は俺らがフォローするから！
うんうん
しっかり休んでまたチームに貢献してよ！な！みんな？
じ〜ん…
そうかー 仲間ですもんね… ありがとうございます
ゴッホゲッヘ

体育会系の人たちが根性論で無理をしている時こそ、「仲間」「チームワーク」「助け合い」を強調してフォローする好機です。「仲間だから当たり前」と支えることで相手に無理させずに済み、信頼も得られます。さらには、相手も自分を気遣ってくれるように。責任感が強い彼らは負担を背負いがちなので、サポートの機会は意外と多く散らばっています。

3歩目

伝統好きだが、新時代にも弱い

たとえば キミから会社の新しい歴史をつくる気はないか？
ズン
ぼ 僕が新たな歴史をつくる…？
まんざらでもな〜〜〜
それ本気で言ってるんですか？

体育会系の人たちは伝統や歴史に従順ですが、「新しい時代」や「新世代」という言葉にも憧れを抱きやすい傾向があります。伝統をただ批判するのではなく、「君たちが新しい扉を開くんだ」と彼らを鼓舞してリーダーシップを取らせることで、改善のきっかけをつくりましょう。適切な人を見極めれば、謎の伝統を封印しつつ、良好な関係も築けます。

4歩目

ノリであっても曖昧な返事はしない

100万円よりいってます？
キッパリ
言わないよ
えっ
じゃあ 僕くらいの年でいくらもらってました？
物価も景気も変わるんだからそんなこと知っても意味ないだろ
キッパリ
はい この話は終わり
そ そうですか…

体育会系のデリカシーのなさには、曖昧な返事を避けることで対処可能です。彼らは物事を「アリかナシか」「ON か OFF か」「白か黒か」と極端に分ける傾向があるため、曖昧な返事をすると即座にどちらかに解釈されてしまいます。はっきりとした態度を取ることが、彼らとのスムーズなコミュニケーションのコツ。曖昧な対応を避け、自分の意思を伝えましょう。

CHAPTER 02

多様性を尊重する

「みんな違って、みんないい」
という言葉があるように、
多様な価値観や性格を持つ人々と
出会うことは避けられません。
本章では、心配性の人から損得勘定で動く人まで、
多様性を尊重しながら
円滑な関係を築く方法を紹介します。

CASE 01

まえ
こっちも見て！
はいはい！
でもなぁ…もし…
うしろ

心配性の人

CASE 02

昨日はありがとうございました〜
あれっ 昨日のこと…気にしてない？嫌われたかと…

なんでも悪く取る人

CASE 03

もしかして人見知りですか？
実は私もでー

人見知り

CASE 04

どこからか情報をゲットできないですかね〜？
頼れるの八方さんしかいないんですよ
自分しか…？

八方美人な人

CASE 05

（自分語り…）
その話 聞きました！○○だったんですよね！
それでこの案件なんですが…

自分大好きおじさん

CASE 06

TODOリスト
さすが
スゴイ

指示待ち社員

CASE 07

今回はこちらの新商品のモコちゃんゲロ甘アイスバーで手を打ちませんか
モコアイス
う〜ん…しゃあない打ちます！
ホント甘党だな…

損得勘定で動く人

CASE 01

心配性の人

DIVERSE PEOPLE

でもなあ…
もし…
はいはい！
こっちも見て！
まえ
うしろ

攻略法

前向きになれるよう背中を押してあげる

心配性の人とは

心配性は多くの人に当てはまる性格です。目覚ましを何度もセットしたり、外出に際して荷物が多くなったりと、思い当たる人も多いのではないでしょうか。心配性自体は悪いことではありませんが、**度が過ぎるとネガティブな印象を与え、面倒くさい人と認識されてしまう**ことがあります。そういった人は**①消極的で自信がない、②あらゆる事態に備えてものを持ち歩く、③いらない心配をしがち、④考えるばかりで行動に移せない**、という特徴を持つ**「石橋を叩いても渡らない」タイプ**です。しかし、心配性の人たちは適切な距離感を保てば頼りになる存在。ミスや早とちりに気づかせてくれて、忘れ物もフォローし、細やかな気配りが光ります。彼らの特性を理解し、それらを長所として活かす姿勢を持ちましょう。

心配性の人の生態

口癖が「でもなぁ」「もしさぁ」

どれどれ？…めっちゃいい企画書じゃん！
そわ…
本当に？…でもなぁ けっこう予算必要なんだよね…
もし通ったら私がリーダーになるでしょ？
もし失敗したら全部私の責任だよね…スキルアップのチャンスだけど…
そわ…
オロ…
オロ…でもなぁ… もしさぁ…

何かあった時のためになんでも持っている

曽輪さん絆創膏持ってないですか？
ありますよー はい
先輩 胃薬持ってたりしません？
サッ
サッ
あるよー はい
ソワちゃん単4電池持ってない？
サッ
どうぞ～
さすがにこのタイプの充電器はないよね～？
サッ
はい 使い終わったら戻してくださいね～
あるの!?

心配の9割は取り越し苦労

どうだった？
ごめーん！ちゃんとメール送れてたよー急に不安になっちゃ…
ダッ
あ！資料ちゃんと添付したっけ!?
はい、いってらっしゃーい…

考えすぎて実行できない

そういえば曽輪さんフリマアプリに登録するって言ってましたけど使ってみました？
あーまだ登録してないんだよね…売れるかわからないし…
クレームとか言われたらどうしようって考えると…
騙されたりしないかなぁ…変な人に絡まれたら…

お近づきになるための 4ステップ

1歩目 想像力を褒める

心配性の人は自信がないことが多いため、自分から仲良くなろうとはしません。そのため**こちらからアプローチする**必要があります。その際に効果的なのが褒めること。彼らのネガティブな事態を想定する力を評価してあげましょう。**どんな話も最終的にネガティブに着地するその想像力を称えつつ**、一緒にポジティブなゴールを考えれば心配性も和らぎます。

2歩目 ほう・れん・そうは早めに！ 忘れずに!!

報告・連絡・相談を行うのはビジネスの基本。**心配性の人にとっては特に重要なこと**なので、気をつけなければなりません。もしこちらの報告が遅れると、彼らは「情報が間違っていたかも」「自分は信用されていない」といった不安を抱き、距離が広がる原因になります。心配性の相手には、**こまめで迅速な報告を心がけ、余計な心配をさせないことが大切**です。

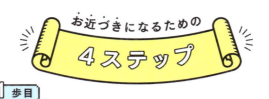

3歩目

黙っていたら話を振ってあげる

そっか〜…
曽輪さん どう思います？
こそっ
え？ あぁ最近 課長がよそよそしい 感じなんだよね…
そうですかね？
気にしすぎだと 思いますけど…

心配性の人は空気を読みすぎるため、複数人の話し合いでは発言を控える傾向があります。**発言後のリアクションや返答を想定できないと、口を開けない**のが特徴です。彼らが黙っている時はいらない不安を抱えている状態なので、**こちらから発言を促してあげましょう**。心配性ならではの考えで、見落としていた重要な課題を指摘してくれるかもしれません。

4歩目

「何かが変わるチャンスだよ！」に弱い

フリマアプリ 興味があるならやって みるべきですよ！ 何かが変わる チャンスかもですよ!! ダメならすぐ やめればいいですし！
何かが… 変わる…？
はっ…
……わかった！ 一回やってみる！

信頼関係が築けたら、心配性の人の「デメリットを考えすぎて行動できない」というコンプレックスを解消してあげましょう。**彼らが興味を持ちながらも一歩踏み出せていないこと**に対して、その場のノリで軽く背中を押し、すぐに行動してもらうのが効果的です。**一緒に少しずつ挑戦し、成功や失敗を共有**すれば、さらに仲は深まります。

CASE 02

なんでも悪く取る人

DIVERSE PEOPLE

昨日はありがとうございました〜
あれっ 昨日のこと…気にしてない？嫌われたかと…

攻略法

考えすぎないようにアシストする

なんでも悪く取る人とは

なんでも悪く取るネガティブな人の特徴は、こちらを負のオーラで巻き込むことです。**褒めても素直に受け取らず**、楽しい提案にも否定的な返答を連発します。こういった人には守備型と攻撃型が存在しており、守備型は他人に近づかず、ネガティブな思考をひとりで抱え込むタイプです。接触する機会は少なく、見つけた場合は慈悲深い態度で接するのがよいでしょう。一方、攻撃型は悪いほうに解釈し、勝手な思い込みで怒りを爆発させるタイプ。**親切も「裏がある」と疑い**、褒めてもキレる謎の展開を引き起こします。さらに、**幸運すら不運の前兆ととらえ**、ポジティブな状況を楽しむことができません。**不安が不安を呼び、眠れない夜を過ごす**のも特徴。「こんな性格が嫌だ」と思いつつ、その複雑な思考から抜け出せないのです。

なんでも悪く取る人の生態

褒められても素直に受け取らない

髪切ったんですね！髪色もめっちゃオシャレ！ショートも似合ってうらやましいです！
…それ 逆に今まではオシャレじゃなかったってこと？
スナオじゃないなー

他人の親切には裏があると思っている

この前 良立さんが残業までして資料つくるの手伝ってくれたんですよ〜
おかげで間に合った！
へー… なんか彼の弱みでも握ってるの？もしくは何かあった時のために恩を売っておいたとか
そういうのには絶対裏があるから気をつけて！…
え…

調子に乗れない

常深さん この前福引で一等当たったって言ってましたよね？
今絶対運気がいいからいっちゃいます？
宝くじ
宝くじ
ないない！むしろあれで下半期の運を使い果たしたから今年は何をやってもダメに決まってるの損するだけよ
今年…いやあの日が人生のピークかも…

よく不安で眠れなくなる

さっき常深さんを褒めたら「いじってんの？」ってキレられてさー
あの人ヤバくない？ムカつくからみんなに拡散しとていてよ
えーこわー！
あー きっとそうなるよねー…
ギリギリギリ〜…
明日謝ったほうがいいかなー…

お近づきになるための 4ステップ

1歩目

間接的に褒める

髪切ったんですね！好井さんも「すごく似合っててステキだよね！」って言ってましたよ
…え そうなの？
へー… 嬉しいかも…

褒め言葉を素直に受け取れない人には、**ほかの人を通じて間接的に褒めて思いを届ける**のがオススメでしょう。直接ではなく間接的である分、本人に届かないリスクはありますが、届いた場合にはお世辞の可能性が排除され**「褒めるのは本心だ」と素直に受け取ってくれる**でしょう。褒める時には、裏を読める隙をできるだけ取り除くことが大切です。

2歩目

リスクヘッジを相談する

この企画自信あるんですよ！いいと思いませんか!?
うーん でも ここって人によってはクレーム入れるかもね…
あと、これも裏読みする人は、デメリットに思うかも… そうなると、ここも…
おー!! さすがッス!!

物事を悪く取りやすい人はリスクを考える能力が高いため、**リスクヘッジの相談相手に適しています**。ただし、不安そうに相談すると軽く流されることがあるので、自信満々に提案を伝えるのが効果的です。これにより、**相手は「いや」「でも」と否定的な意見を出しやすくなり**、予期せぬ落とし穴を指摘してもらえます。最後には感謝の気持ちを伝えましょう。

3歩目 ネガティブには、よりネガティブを

この前 取引先の打ち合わせに遅刻しちゃったんですよ…今までありがとうございました……
これで取引なくなったら責任取らされる…いや最悪クビになるかも…
いやいや考えすぎだよ
私からもフォローするし大丈夫だから！ ね？
帰りにおいしいご飯食べよ？ ね？

あえてこちらも同調して、**極端に悪く考える**のも意外と使える対処法です。最初は「同調しているだけ」と思われるかもしれませんが、ネガティブな空気に耐えられなくなり、逆に励ましてくれる可能性があります。彼らは自分でも**できればネガティブな思考を避けたいと思っている**ことが多いため、それが自分の行動を反省するきっかけになるかもしれません。

4歩目 1日の終わりはポジティブに

へーそうなんですね！ やっぱり常深さんの発想っておもしろいですね！
じゃあ失礼します！
うん…じゃあまた明日
面白い…⁉

ネガティブな人たちは実は心配性で、**強気な態度の裏で後悔している**ことが多くあります。「謝れない→嫌われた→陰口を言われているかも」という負のループに陥らせないことが重要です。彼らがネガティブになったら**「逆にいいよね」と肯定的に返しましょう**。その場でなくても、翌日に軽いトーンで肯定的に接すると、気が休まって心を開いてくれやすいです。

CASE 03

人見知り

DIVERSE PEOPLE

もしかして人見知りですか？
実は私もでー

攻略法

深い理解と定期的な声かけで心の壁を崩す

人見知りとは

人見知りの人は、寡黙で表情が素のままなため、**「無愛想」「不機嫌そう」と誤解されがち**です。緊張で相手の顔を覚えられなかったのか、その後**声をかけられても誰か思い出せていなさそう**なことも。**会話が続かない**のも特徴的ですが、興味がないわけではなく、「気の利いた返しをしなきゃ」と**考えすぎてタイミングを逃してしまう**ようです。飲み会では、輪に入れず不機嫌に見られ、話を振られてもうまく返せない悪循環に陥りがち。その結果、**メニューを熟読したり、スマホを触ったりするしかなくなります。**お店や美容室でも要望を伝えられず、**後悔やストレスが溜まる場面がたびたびあります**。極めつきは、夜に「あの時こう言えばよかった……」と反省しながら眠りにつき、生きづらい日々を送っているのです。

人見知りの生態

こ これ
いいですか？
あはい…
怒ってるのかな？

いつも機嫌が悪く見られがち

音梨さん！
知り合いじゃないのかな？

顔を見て話さないので、声をかけられても誰かすぐに思い出せない

音梨さんって一人暮らしでしたっけ？
あはい…
…ペットとか飼ってないんですか？
飼ってないです
…飼いたくなりません？
まぁ…
まったく盛り上がってない…

会話が続かない

そんなに読み込むかね…
MENU

飲みの席でずっとメニューかスマホを見ている

お近づきになるための
4ステップ

1歩目

ズバリ「人見知り？」と聞いちゃう

まずはあえて「人見知りですか？」と確認してみましょう。人見知りの人は「不機嫌そう」「暗そう」などと誤解されやすいため、**理解してもらえたとわかった**だけでもずいぶん気が楽になります。さらに「自分も人見知り」と伝えると**親近感を持ってもらえて、相手の緊張がほぐれます**。お互いに会話がしやすい状態をつくることができるのです。

2歩目

人見知りトークで盛り上げる

人見知りの壁をさらに崩すには**〝人見知りあるある〟を話題に出す**のが効果的です。人見知りは理解されたいという気持ちが強く、共通点を見つけると安心して心を開きます。一度壁が崩れると、急におしゃべりになり、独特の発想や視点を披露してくれることも。**これまでのイメージとのギャップ**を楽しみながら、スムーズに会話を深められるでしょう。

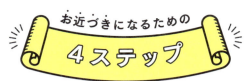

3歩目

質問で返されるような質問をしてみる

今住んでるとこ最悪なんですよね
だから早く引っ越したいんです
どこかいいところ知りません？
何が最悪なの？
っていうか今どこに住んでるの？

人見知りとの会話では、相づちや単語で終わらない〝質問で返されるような質問〟をするのがポイント。**事前情報ゼロのまま、アドバイスを求める形で質問しましょう**。テーマはなんでもかまわないので、「質問に答える前にあなたについてもっと知っておきたい」と**相手がツッコめるところをつくっておく**のです。そうすれば、自然と深い会話につながります。

4歩目

1日1回は話しかける

後日—
そういえば前に話していたお店なんですけど～
あ
どうでしたか？
めっちゃよかったです！

人見知りの人は関係性をリセットしがちなので、**日ごろから挨拶や雑談を続けることが大切**です。これにより、「相手はもう関係性をリセットしているはず」と思い込むネガティブ思考を和らげられます。１歩目で**無理に「自分も人見知り」と装う必要はなく**、「大変ですよね。でも仲良くしましょう」とまずは伝え、そのあとの２～４歩目を定期的に繰り返すだけでも効果的です。

CASE 04

八方美人な人

DIVERSE PEOPLE

どこからか情報をゲットできないですかね～？
頼れるの八方さんしかいないんですよ
自分しか…？

攻略法

顔の広さを長所ととらえる

八方美人な人とは

八方美人とは、どこでも誰にでもいい顔をしようとする人のことです。特徴としては、**①どこの集まりにも一旦顔を出す、②できないことも引き受ける、③簡単に意見を変える、④嫌われる人にはとことん嫌われる、**などが挙げられます。一見、人当たりがよく気が利く印象ですが、時間が経つにつれて不信感が募ります。そのため、まともに向き合うのが無意味に感じられることもしばしばです。特に注意すべきは頼み事をする時。彼らは「断ると嫌われる」という不安から引き受けるものの、実際に遂行できるかは別問題です。さらに、彼らの〝嫌われたくない相手〟がその場のヒエラルキーで変わるため、状況次第で急に態度を翻し、信頼を裏切ることも。結果としてチームの空気を悪化させ、士気を下げる要因になります。

八方美人な人の生態

どこの集まりにも一旦顔を出す

じゃあ俺 次あるからそろそろ行くわ！
え!?
さっき恋塚さんとこから来たばっかりですよね？
顔出さなきゃだから！早めに終わったら戻るわ！

なんでも安請け合いしてしまう

この資料まとめるの頼めるかな？
はい！やっておきますよ！
自分の案件
先輩の案件
課長の案件
同期の案件
いや…ムリでしょ…

すぐにはしごを外す

うーんこの企画は今うちがやることじゃないなぁ 八方はどう思う？
そうですねー僕もそう思います！もっと別の視点が必要ですね
!!!
昨日
この企画いいね！まさに今うちが求めてるアイデアだよ！

嫌われる人にはとことん嫌われている

そういえば先輩八方さんと同期でしたよね？
飲みに行ったりするんですか？
あー俺アイツ嫌いなんだよ
みんなにいい顔して自分ってのがないんだよね
人に合わせて真逆のことも平気で言うし
信用してない
絶対腹黒だから気をつけなよ！
あ、これ別に本人に言ってもいいよ
めっちゃ嫌いですね…

お近づきになるための 4ステップ

1歩目 顔の広さを情報源として活用

八方美人の長所は、人当たりのよさと広い交友関係です。誘いを断らず多方面に顔を出すため、浅くとも幅広い人脈を持っています。特に同業や近い業種の誰かしらの情報を持っている可能性が高く、初対面の相手について事前情報を得られるかも。彼らが直接知らない人のことでも、「頼れるのは〇△さんだけ」と頼めば、有益な情報を入手してくれるでしょう。

2歩目 水際で頼まれ事を断ってあげる

八方美人な人がキャパオーバーしないよう、適度に見守ることも肝心。キャパオーバーのしわ寄せは周囲に及ぶため、事前に防ぐのが無難です。ただし、本人に「できないことは引き受けないで」と言っても効果は期待できません。それができないから八方美人と呼ばれているのです。できないことを非難するのではなく、相手を気遣ってサポートしましょう。

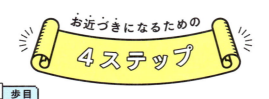

3歩目

上司よりも先に意見を言わせる

うーん
この企画だったら
八方さん的には
どうですか？
昨日はいいって
言ってましたよね!!
…そうですねー
僕的には…
アリ寄りのアリ側
みたいな…

八方美人の急な〝はしご外し〟を防ぐには、上司や先輩が発言する前に彼らの意見を引き出しましょう。**ヒエラルキーのトップの発言に合わせて自分の意見を変える**傾向があるため、先に発言させることで事前の意見を変えさせないようにできます。会議に限らず、**本音を聞きたい場面では、まず彼らに意見を求めて発言させる**のが効果的です。

4歩目

嫌っている人と共通の目標を提供する

ぜんぜん
解けないんですよね〜
次のステージが
遠い…
それ
「おもてなし」
じゃない？
あー なるほど
そしたらこっちは
「ばいがえし」かな？

八方美人を嫌う人との橋渡しもやっておくに越したことはありません。その際、**共通の目標を設定して協力させる**のがポイントです。重いものを一緒に運ぶといった小さなことでいいので、**達成感を共有させることで関係が改善**していきます。加えて、肯定的な言葉をかけるようにすると、時間はかかるものの、自信がついて意見のブレも少なくなるでしょう。

CASE 05

自分大好きおじさん

DIVERSE PEOPLE

(自分語り…)
その話 聞きました！
○○だったんですよね！
それで
この案件なんですが…

攻略法

聞き役をやめて 自分から話しかける

自分大好きおじさんとは

今回紹介する自分が大好きな人とは、自身の容姿ではなく**性格や能力、経験を過剰に評価するタイプ**を指し、特に中堅層のおじさんに多く見られます。**自分の話ばかりする**のが特徴で、相手が興味を示すとさらに話が弾み、興味がない素振りを見せても逆に力を入れて話し始めます。彼らは仕事の能力が高いとは言えませんが、陽気で人当たりがいいため、周囲のサポートを受けてそれなりに出世していることが多いです。しかし、**自分が成功しているのは周囲のおかげだと気づかず**、すべてを自分の実力だと信じているのが問題点。さらには**他人の実績まで自分の手柄だととらえ**、その結果プライドが高くなって**ミスを認めなくなります**。そして、実際は違うのに、**自分ならできると根拠のない自信を持ってしまう**のです。

自分大好きおじさんの生態

自分の話ししかしない

まぁ悩むのもわかるけどさ
俺だって大変なんだよ？
この前なんかさぁ
部長に呼び出されて…
それで思い出したけど
ちょうど昨日だよ
帰り際にさぁ
俺は一
俺が、
気晴らしの趣味ある？
俺はゴルフやってるけど
聞いてよ こないださぁ
…はぁ
俺の一
相談する相手
間違えた…

なんでも自分の手柄にしたい

恋塚さん ついに
出世するらしいよ！
仕事はできる
人だもんね
シュバッ
恋塚も使いもんになるまで
大変だったんだよ～？
俺が育ててやったんだから
あいつのプロジェクトも
俺がアドバイスしてやったんだよ？
へ～…
そうなんですね～…（棒）

ミスを認めず人のせいにする

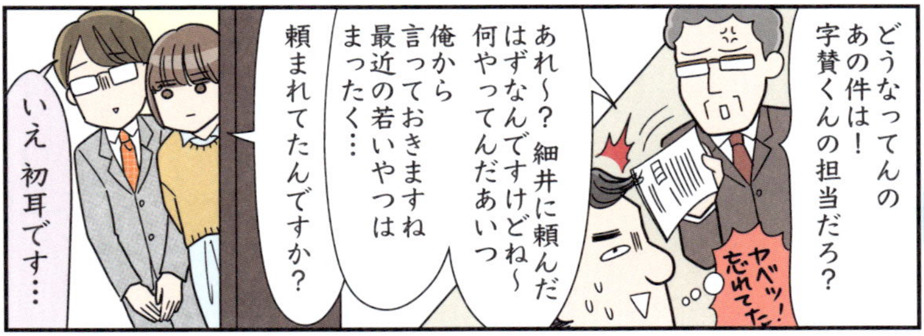
どうなってんの
あの件は！
字賛くんの担当だろ？
ヤベッ！
忘れてた
あれ～？ 細井に頼んだはずなんですけどね～
何やってんだあいつ
俺から言っておきますね
最近の若いやつはまったく…
頼まれてたんですか？
いえ 初耳です…

謎の自信にあふれている

ちょっと当日の段取りが
心配なんだよなぁ
大丈夫ですって！
任せてくださいよ
現場は私が
指示出すんで
やったこと？
ないですけど
何かあれば私が
なんとかしますよ
なぁ？
大丈夫だよな？
ヤバい予感
しかしない…

お近づきになるための

4ステップ

1歩目

先回りして周りの人たちと情報共有しておく

自分の話ばかりする人への対処法のひとつは、**聞き上手を封印する**ことです。同じ話を繰り返すことが多いため、事前に周りと情報を共有し、話し始めたら「その話、○△ですよね！」と**オチまで先回りすることで話を止められます**。その後、すかさず自分の要件を話しましょう。ただし、冷たい印象を与えないよう、柔らかく対応することを心がけてください。

2歩目

自慢には大袈裟なリアクション

自分の手柄を強調するのは、「すごいですね〜」と**その場で注目されたいだけ**なので、基本的に軽くスルーでかまいません。もしあまりにも鼻につくようなら、大袈裟に持ち上げてグイグイ詰めると効果的です。**当事者から「関係ありません」と否定されるのをもっとも嫌がる**ため、真相を確かめる素振りを見せるだけですぐに自慢話をやめてくれます。

3歩目 好かれる存在になる

これ実家が送ってきたみかんなんですけどよかったら食べてください
字賛さんにはいつもお世話になってるんで
あそう？わざわざありがとう
へーおいしそうだね〜…

ミスを自分のせいにされないためには、相手に好かれることが重要です。人は少しでも情があれば、**悪いようにしたくないという気持ちが働く**もの。仕事を一緒にする際はこの点を意識しましょう。とはいえ、自分だけ好かれていては、ほかの人がミスをなすりつけられてしまいます。**自分だけでなく周囲も好かれている状況をつくるのが理想**です。

4歩目 根拠がなさそうな大丈夫は拒否！

大丈夫ですよ！任せてください！現場は私が指示出すんで！な？
キッパリ
いや字賛さん一旦こっちで詰めてからできるかどうか判断していいですか？
ん？そう？大丈夫でしょ…
いえ!!ちょっと時間をください!!

根拠なく「できます！」と言わせないためには、**そもそも決定権を与えないことが大切**。彼らは安請け合いではなく、本当にできると思い込んで返事をしますが、それで実際に苦労するのは周囲です。引き受けるのを止める際は、「簡単にできると言うと、ハードルが上がるし、ありがたみも減りますよ」と、**相手が納得できそうな理由を伝えましょう**。

CASE 06

指示待ち社員

DIVERSE PEOPLE

攻略法

些細なことでも褒めて やる気や行動力を引き出す

指示待ち社員とは

指示待ち社員は、**指示されたことはこなすものの、それ以上の行動を起こしません。仕事への情熱の欠如**や自信のなさが原因で、自発的な行動ができず、評価が低くなりがちです。彼らは周囲が忙しくても我関せずで、**自ら次にやるべきことをするという発想がありません**。そのため都度指示が必要となり、指示する側はストレスを感じるでしょう。やる気のない場合、無理に改善を迫ると仕事を辞めてしまうリスクがあります。自信のない場合は**「任されたくない」と責任を回避**し続け、独り立ちできずに周囲の不満を招く存在になります。また、**仕事内容を把握していない**ため、指示の意図を考えず、周囲に説明責任を負わせることも特徴です。彼らを戦力として活かすには、**マネジメントやサポートにかかる手間が大きな課題**でしょう。

指示待ち社員の生態

言われた以上の仕事をしない

これコピー取ってきて!! ダッシュ!!
先、会議室の準備してきますね!!
バッタ
バッタ
あれ？ 伊割さんは…何してるのかな…？
プロジェクターの準備を頼まれたんでやっておきました
終わったんで、今は特に何も…

仕事に情熱がない

どんどんアイデア提案してね！どんなことやってみたい？目標でもいいよ！
ぐい ぐい
すん…
特にないです
早く帰れれば…それで…

任されたくない

明日の打ち合わせ私行けないかもだけど任せていいよね？
ムリ ムリ ムリ ムリ ムリ ムリ ムリ ムリ ムリ ムリ
え 私ひとりですか!? ダメですダメです！
リスケしましょう！ そうしましょう!!

仕事内容をちゃんと把握していない

この予算の「雑費」って具体的に何？
スケジュールどうなってる？
先方にはどこまで話通ってるの？
つくったの君だよね？
すーん…
えっと…わかりません
言われた通りに書いただけなんで…

お近づきになるための

4ステップ

1 歩目

TODOリストをつくって渡す

会議までにこれ一緒に全部埋めましょう！
TODOリスト
資料のコピー
グッズの確認
webカメラ準備
ふむふむ残ってるのは資料のコピーとグッズの確認…
これやったら… 次はこれね

指示待ち社員には、その日にやるべきTODOリストを渡すのがおすすめ。**作業量は終わるかどうかギリギリのラインを目安**に、相手の能力を見極めて適切な量を設定しましょう。あなたが同僚や後輩の場合は、ともにTODOリストをつくって**最低限のラインを共有**してください。慣れてきたら自分でチェック項目をつくらせ、自発的な取り組みを促します。

2 歩目

些細なことでも褒めちぎる

伊割さんの準備のおかげで会議うまくいったわ！さすがね！
いえ ただ言われた通りやっただけなんで…
やってくれたこと以外の気遣いも感じるのよねー

仕事への情熱がないというタイプには、とにかく褒めてやりがいをつくり出してあげましょう。褒めるポイントがなかったとしても、**ウソでもいいので無理に褒める姿勢が大切**です。**褒められることが励みとなり**、次第に情熱を持って取り組んでくれるようになります。そうして、「あなたがいるから辞めずに頑張れる」と言われるくらいの関係になれると理想です。

3歩目
後輩をつける

これってどうしたらいいですか？
何をすればいいですか？
ここどういう意味ですか？
これは経理に持っていって終わったら△□商事の担当さんにアポ取ってもらって…
いい感じですね～
うんうん

責任を避けるタイプには、後輩をつけるのもひとつの手段です。責任を持たざるを得なくなり、「上の人がなんとかしてくれる」という依存心を抑えられます。特に、同じ指示待ちタイプの後輩をつけると、指示を与える側の気持ちを理解できて成長につながるでしょう。ただし、優秀な後輩をつけると指示待ち社員はさらに何もしなくなる恐れがあるので注意です。

4歩目
細かすぎる指示はしない

この資料でだいたいの全体スケジュールと予算表つくってみて
形式は…わかりやすければいいや！
細かいことは任せた！
ははい…やってみます！

仕事を任せる時は、細かすぎる指示を避けるようにしましょう。過剰に丁寧な指示は自分で考える余地を奪い、「言われたことだけやればいい」という意識を助長しかねません。ミスを防ぐために先回りして細かく指示しておきたい気持ちもわかりますが、それが繰り返されることで、指示待ち社員がその状態を当然ととらえてしまう原因となるのです。

CASE 07

損得勘定で動く人

DIVERSE PEOPLE

今回はこちらの新商品のモコちゃんゲロ甘アイスバーで手を打ちませんか
モコアイス
う～ん…しゃあない打ちます！
ホント甘党だな…

攻略法

警戒心を解いて関係を築き彼らの長所を最大限引き出す

損得勘定で動く人とは

損得勘定で動く人の行動原則は〝ギブ＆テイク〟、時には〝ギブ＆テイク＆テイク〟です。何事においても、得を感じることで動きます。ポイントは、実際に得があるかどうかではなく、得を〝感じさせる〟ことです。彼らは**見返りがないと決して動きません**が、少しでも得だと感じればたやすく動いてくれます。そんな彼らの最大の特徴は、**金銭面での計算の早さと正確さ**でしょう。特に損しやすい人は、有益なアドバイスを得られるかもしれません。また、彼らの**要領のよさ**は**ビジネスにおいて非常に役立つスキル**。円滑に仕事を進めるうえで、見習いたいところです。ただし、彼らはあまり人を信用せず、**親切にされても「裏がある」と疑ったり、「お返ししなければ」とプレッシャーを感じたりする**ため、慎重に付き合いましょう。

損得勘定で動く人の生態

少しでも見返りがないと動かない

得山さぁ ちょっと この資料つくるの 手伝ってくれない？
あー それ手伝ったら 俺に何かいいこと あるの？
!?

なんでももとを取ろうとする

得山さん 毎日ジムに 行ってるんですか ストイックですねー！
月額一万円だから… 回数行かないと でしょ？
30回行けば1日333円 10回だと1回 千円だろ？

要領がいい

誰か来週 関西出張に 行ってもらえないか？
あー 俺ぜんぜん 行きますよ
良立さん 来週 バタバタでしょ？
助かる〜！
得山さん 関西出身だったはず… ついでに帰省か……
良立さん

借りをつくるのが嫌い

得山 風邪なんだって？ 家近いし 栄養のつくもの 持って行こうか？
あと作りかけの資料 俺がまとめておいて やるから…
ゲホ ゲホ
いや 大丈夫 自分で買いに 行ける…
ゴホ
資料も期限までだから 置いといてくれ
ゲェホ
そ そうか… お大事にな…

お近づきになるための
4ステップ

1歩目
普通に親切に接する

損得勘定で動く人と仲良くなるには、**まずは聞く耳を持ってもらう必要があります**。関わりを持つには貸しをつくるとよいですが、「〜しましょうか？」と聞くと負担に感じて断られます。親切は事後報告し、強制的に貸しをつくるのがポイントです。また、**貸しをつくった直後に頼み事はしない**こと。「このために親切にしたのか」と思われてしまいます。

2歩目
「自分は損得勘定で動かない」とアピールする

貸しをつくると、彼らは「お返ししなければ」と思い、あなたを無視しなくなります。そのあとは「お返しは求めていない」とさりげなく伝えて、**「裏がない」と思わせることで彼らの警戒心を解きましょう**。自然と距離を縮めることができます。ただし、相手が自分の親切を利用するだけの人であれば、フェードアウトして関係を断つのが無難です。

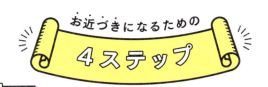

3歩目 コスパの相談をする

俺だったら原価高めの
フルーツタルトから攻めて
重めのチョコ系は
後半まで我慢かな
あと腹ペコすぎると
逆に食べられないから
行く前に軽めに
ちょっと入れていく
あと……
ケーキバイキングだと…
すっごい
参考になります！
さすがですね！
やっぱり得山さんに
聞いてよかったね

仲良くなれたら、彼らの「損をしたくない」スキルを存分に引き出しましょう。コスパに関する相談は彼らの得意分野で、有益なアドバイスがもらえるはずです。大きな対価ではなく、賛辞や小さなお菓子でも十分満足してくれます。また、相談結果のフィードバックを忘れずに。よい評価を伝えることで得をした気分になってもらい、さらに親密度を深めましょう。

4歩目 頼み事は形だけでも報酬とセットで

難しいですか…
わかりました！
じゃあ
「モコちゃんプリン」
もつけます！
ゲロ甘！
モコちゃんプリン
モコちゃんプリン!?
よし しゃあない
引き受けた！

親密な関係を築けば、頼み事も引き受けてもらいやすくなりますが、無報酬だと抵抗される可能性があります。彼らは感謝やお返しで満足する一方、物理的な報酬がないと脳が拒否反応を示すため、何かしらの報酬をセットで提示するのが効果的です。損得勘定で動く人にも輝ける場はあり、その特性を活かしつつ関係を築くのがポジティブな選択でしょう。

CHAPTER 03

ヤバめの上司に対応する

アクの強い上司に振り回されていませんか？
本章では、大雑把すぎる上司や頑固な上司、
頼りない上司など、
思わず距離を置きたくなる上司たちが多数登場。
彼らとうまく付き合うための
実践的な方法をお届けします。

CASE 01

おおっ!!
今日のポイントは!?
確認マスト!
予算の内訳は…
3っ!
ビリ

大雑把すぎる上司

CASE 02

いい子!
よーしよし!
トコトコ…
あれ…スネてもムダかも…

お子さま上司

CASE 03

オッ
伝言・報告
サッ
話のオチ
先回り〜〜

せっかちな上司

CASE 04

キャッ
興味あること
褒めちぎり

頑固な上司

CASE 05

ハイコレ お願い しまーす!
TO DOリスト
えいっ
パチッ
何か変なスイッチ
ON
OFF

頼りない上司

CASE 06

DOTCH?
信用できる
信用できない
えっ
まっ まってまって

信用できない上司

CASE 01

大雑把すぎる上司

UNSAFE BOSS

おおっ!!
今日のポイントは!?
確認マスト!
予算の内訳は…
3っ!
ビリッ

攻略法

飽きさせない工夫で集中力を維持させる

大雑把すぎる上司とは

大雑把な人は、一見大らかで頼りがいがありそうな印象を与えるものの、周囲がその虚像に気づくのは時間の問題でしょう。彼らの特徴のひとつは**集中力の低さ**です。長めの説明にはついていけず、意識がほかへと向かいます。「いい感じにしといて」という言葉は、スイッチがOFFになったサインです。さらに、**自分で言ったことを忘れる**という点も顕著です。その場では熱心に語っていても数日後には忘れ、「そんなこと言った？」ととぼけたり、時には逆ギレしたりすることも。また、**新しいことを覚えるのが苦手**で、特に興味のない作業ではモチベーションがほぼゼロになります。うまく付き合うには、作業の早さや感情の切り替えの柔軟さを褒めるとよいですが、**その分仕事が雑である**ため注意しましょう。

大雑把すぎる上司の生態

すぐに面倒くさくなる

予算の内訳を相談したいんですけど…
人件費と設営費 それに広告費用を 出店していただく各企業から…
うん うん… …う〜ん
じゃとりあえず いい感じに しといて!

自分で言ったことを忘れている

待って待って これ なんで前回と内容変わってるの?
えっ 大座津さんが「こうしたほうがいい」っておっしゃったんですけど…
え? 俺が言った…? じゃあ これで いい感じにしといて
あんなに熱く語ってたのに… 忘れてる…

教えたことをぜんぜん覚えない

なのでこれをこっちにコピーすると書き換えなくて済むんで〜
この説明100回くらいやってるんですけど…
あーなるほどね! じゃあこっちの修正は?
てか、好井ちゃんやってくれない?

仕事は早いが雑すぎる

先方と打ち合わせた内容をまとめたから あとは任せる!
スケジュール:夏くらい
予算:500万円〜3000万円くらい
会場:関東近郊
内容:各企業様が新商品を紹介
即売があってもいいかも!
いい感じにしてもらえばー
ヒェッ…
………

お近づきになるための 4ステップ

1歩目 重要なポイントだけを伝える

大雑把な人には、集中力を途切れさせないようにするのがポイント。報告や確認の際は要点を絞り、具体的な数を提示すると効果的です。特に重要な部分は最後に伝えると、記憶に残りやすくなります。こうした伝え方のスキルは大雑把な人だけでなく、ほかの人にも有効です。飽きさせない報告スキルを磨くことで、幅広い場面で活用できるでしょう。

2歩目 時間を空けて言ったことを確認する

自分で言ったことを忘れる場合は、修正内容を忘れられてしまう前に再確認することです。数日空くと「そんなこと言ったっけ？」となり、またその場の思いつきで新たな修正が加わってしまう可能性があります。これを防ぐには、修正を完成させる前に、翌朝など記憶が新しいうちに確認を取りましょう。タイミングを工夫することで手戻りを減らせます。

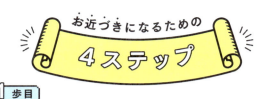

3歩目

褒められた記憶を植えつける

そうですそうです！大座津さんの年代でこれ使えるのすごいですよ！
できる人は違うなー
そ そう？ あとさ これはどうしたらいいかな？

教えても覚えてくれない時の対処法は褒めることです。興味のない作業をしてもらうには、喜びや楽しさを感じさせる必要があります。できたら褒め、できなくてもよい点を見つけて褒めましょう。その際、上から目線にならないよう注意です。特に年上には「やりますね」ではなく、「すごいですね」とリスペクトを込めた言葉を使うようにしてください。

4歩目

スキルアップのためにフォローする

大座津さん取材で使用したレコーダーをもらっていいですか？
てっ
僕一緒に行ってたんであとで細かいフォロー入れたの送りますね
おっ… おう…
いい感じに頼むわ…

仕事は早いが雑すぎる人が評価される理由は、周囲のフォローにあります。彼らの雑な仕事や指示が結果を出せているのは、細かい部分を補完する周囲の優秀さによるものです。むしろ、彼らの雑なミッションをこなすことで、周りがスキルアップせざるを得ない環境が生まれているとも言えます。力が身につくと思えば、大雑把な上司も悪いものではありません。

CASE 02

お子さま上司

UNSAFE BOSS

いい子！
よーしよし！
トコトコ…
あれ…
スネてもムダかも…

攻略法

母性を持って子どものように扱う

お子さま上司とは

若々しい気持ちを持つのは何も悪いことではありませんが、過剰に幼稚な振る舞いをするお子さま上司は周囲に迷惑をかけがちです。その特徴を見てみましょう。**①思い通りにいかないとすねる、②相手の状況を考えず、自分本位に行動する、③人によってあからさまに態度を変える、④興味のあることにだけ集中力を発揮する。**上司がこれでは部下は不満を募らせるでしょうが、冷たく対応すると逆ギレする可能性があるので、慎重な対処が求められます。また、相性がよくないというだけで人を毛嫌いするような振る舞いは、場の空気を悪くしかねません。ビジネスでは絶対に避けるべき状況でしょう。加えて彼らは好きなことには抜群の集中力を発揮できても、それ以外は疎かになってしまうため、業務に支障が出やすいのも問題です。

お子さま上司の生態

すねる

あーもう俺知らないから勝手にやって
スネェ…
ハイハイ、俺抜きでも大丈夫っしょ
いや！子杉さんの意見もごもっともなんですけど…
今回は先方の意向を最優先で…

相手の状況や気持ちを考えない

そっかとにかく先方に事情を説明して…
そうですねすぐにアポ取りま…!?
バッ！
ちょっとこれ見てよ〜！
うちの愛犬めっちゃかわいいんだよ〜
こいつ俺のことめっちゃ好きでさぁ〜

人の好き嫌いを露骨に出す

全体的にいいんだけど…ここもうちょっと修正しない？
俺がやっておいてもいいけど
どうですか？アドバイス頂ければ…
ん？はいはいはーい
アドバイス？特にないかな！

興味のあることには夢中で頑張る

バリ
バリ
キラ
キラ
スポーツカー大全
Sport Car
スポーツカーを使った新プロジェクト…？を模索してるみたいですね…
声かけても聞こえないみたい…
好きだもんね…
実現しなさそうだけど…

お近づきになるための 4ステップ

1歩目 すねても完全スルーする!

じゃあ 次の作戦は どうしましょう?
サンプルつくってくれる業者さんを探さないと…
うーん ツテないですかねー
……恋塚さん そっち系のツテがあるらしいよ
チラッ
チラッ
じりじり…

お子さま上司には「褒める」「かまってあげる」「美味しいものをあげる」の三大攻略法があります。マジです。しかし**まずは、すねても完全にスルー**してください。すねた状態で気を遣うと、「すねれば思い通りになる」という悪い習慣を助長してしまいます。一通りすね終わるまで放置し、**すねてもムダだと相手が気づいてから大いにかまってあげる**のが効果的です。

2歩目 一旦、話を聞いてあげる

ちょっと これ見てよ〜! 昨日めっちゃうまいカレーできてさぁ
!?
Curry…
おぉ 本当ですね イチからつくったんですか?

空気を読まずに話しかけてくるお子さま上司には、一旦話を聞いてあげましょう。**彼らが割り込んでくるのはただ「かまってほしい」から**であり、内容はどうでもいい話である場合がほとんどです。少し時間を割いて聞いてあげればすぐに終わりますし、**場合によってはそれが周囲の雰囲気を緩和し、滞った場の空気をリセットするきっかけ**にもなります。

3歩目 ほかの人への態度は一切気にしない

いいじゃん！さすがだね〜！
ん？はいはい別にこれでいいんじゃやね？
Fix！
じゃあこれで！あざっす！

お子さま上司は、好きな人への態度を嫌いな人に見せることで**「嫌っています」アピール**をします。このアピールを受けた場合、「褒める」「かまう」「あげる」は逆効果。**好かれようとするとさらに嫌われる可能性がある**ため、「こういう人だ」と割り切るのが最善策です。それだけで精神的負担が軽減し、ムダに悩む時間も減るでしょう。

4歩目 褒めまくってチームの課題に目を向けさせる

子杉さんってドラッカーとか読んでるんですか？
や〜あんま興味ないかも
え？
え？そう？
え〜っくわしそうなのに！でも読んだら絶対極めると思います！
頭の回転すごいですしね！
もったいない！

お子さま上司は興味のあることには夢中で頑張るため、**業務やチーム課題に興味を向けさせられれば大きな成果が期待**できます。興味を示したら些細なことでも褒めて、かまってちゃん気質の彼らのモチベーションを高めましょう。ただし、子どものように扱うことに慣れていない、または難しいと感じる場合は、**無理せずほかの人に対応を任せるのも一手**です。

CASE 03

せっかちな上司

UNSAFE BOSS

攻略法

相手のペースにのまれないよう先回りしておく

せっかちな上司とは

せっかちな上司は何事にも急ぎすぎます。エレベーターのボタンを連打したり、レジに２〜３人並んでいるだけでイライラしたりします。職場では、部下もそのペースに合わせる必要がありますが、付き合い切れないのが現実です。彼らの特徴として、**時間に厳しすぎる**点が挙げられます。遅刻を絶対に許さず、待たされること自体に強い怒りを感じます。**気づいたらいない**こともよくあり、目的が終わったらすぐに帰ってしまいます。彼らの辞書に「余韻を楽しむ」という言葉は存在しないのです。また、**人の話を最後まで聞かずに早とちりでトラブルを招く**こともあれば、**露骨にイライラしてため息や貧乏ゆすりなどで周囲にプレッシャーを与える**こともあります。その行動が作業効率を下げていることに、本人たちは気づいていません。

せっかちな上司の生態

時間に厳しすぎる

あ 細井さん5分ほど遅れるそうです
待てない 待てない 先行くよ!
ビュン
○駅
待つことほど時間の無駄はない!

気づいたらいない

あー美味しかったですねー あれ 瀬勝さんは?
お会計の時はいたんですけど…
直接渡したい資料があったのにな…
その頃
俺、これから得意先回るし…
オフィス
エクストリーム帰社

人の話を最後まで聞かない

えー!! うちの会社が買収される!?
バヒュッ
大変だぞー!
あー! 違います!!
「っていうウソが出回ってるんで信じないでください!」なんですー!
最後まで聞いてー!!

イライラが露骨すぎる

も もうすぐできるんで…ちょっと待ってくださいね…
カタカタカタ
カタカタカタ
カタカタ
じ〜…
カチカチカチ
カチカチカチ
カチカチ
かなりイラついてますな…

お近づきになるための

4ステップ

1 歩目

待ち合わせは15分前行動

時間に厳しすぎるという特徴への対処は簡単。待ち合わせの際、**約束の15分前に到着**しておけばよいのです。社会人として5分前行動は基本ですが、せっかちな上司はそれ以上に早く到着し、ひとりでイライラしていることも。それを想定して15分前に到着しておけば、「相手は10分ほど遅れてくる」と**精神的余裕を持つ**ことができ、その後の仕事も円滑に進みます。

2 歩目

伝言・報告・品物の受け渡しは最初に

せっかちな上司への対応は基本的に放任がベストですが、**伝言・報告・品物の受け渡しは後回しにしないように**。手土産は会ってすぐに渡し、「あとでいい」と言われても「忘れっぽいので」など理由をつけて先に済ませておくと安心です。上司に限らず、「あとにして」と言う人があとで**自らその話を持ち出してくれることはほとんどありません**。

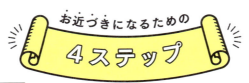

3 歩目

オチを最初に話す

これ今社内で広がってるまったくウソの情報なんですけど〜
ウソの情報ね
どういう内容なの？
気をつけないとなー

話を最後まで聞かないせっかちな上司には、**最初にオチを伝えるか、「最後まで聞いてください」と念押しする**のが効果的です。オチを先に言うのは一般的な話し上手のセオリーとは真逆であるため、はばかられるかもしれませんが、心配は無用です。むしろ**せっかちな上司は早く結論を知りたがる**傾向にあり、最初に伝えるほうが好まれます。

4 歩目

終わる時間を伝える

15時半には上がりますからできたら報告しますね
シュッ
わかった
じゃあほかの作業
してるから

相手をイラつかせないためには、**特に時間への配慮が重要**。「もうすぐ」といった曖昧な表現は避け、終了予定時刻を明確に伝えましょう。想定より遅めでもかまわないので、余裕を持った時間を伝えるようにしてください。実際に、伝えた時間より早く終われば「思ったより早い！」と喜ばれ、これが**上司にとっての最高のご褒美**になります。

CASE 04

頑固な上司

UNSAFE BOSS

攻略法

自分から歩み寄って頑固な壁にヒビを入れる

頑固な上司とは

若手社員から見て、頑固な上司は威圧的で提案が通りづらく、迷惑な存在に映ります。しかし、組織運営のためにルールを徹底し、若手に甘い顔を見せないのは必要なことでもあります。とはいえ、頑固さがいきすぎると職場に弊害をもたらしてしまうでしょう。特徴としては、**①人の話を聞かない、②自分の考えが絶対で、新しい意見を取り入れない、③責任感の強さから人に頼れない、④融通が利かない**、といったことが挙げられます。決定権を持つ上司という立場だからこそ、自分の意見を押し通しがちになるようです。彼らが自分より経験の浅い部下の意見を取り入れることは基本的になく、それが若手のモチベーションの低下につながります。規則を守る意識が強すぎて柔軟に対応できず、部下から反感を買うこともしばしばです。

頑固な上司の生態

人の話を聞かない

作業を効率化するために新しいソフトを導入してですね…
NEW SOFTWARE.
今使ってるのでいいよ
十分できてるから
それより、こないだの資料どうなった？

自分の考えは絶対！

このプランターゲットと同じ年齢層の私としてはもう少し少年心をくすぐるような…
これでいいんだよ！
おまえはズレてるんだよ
世間はそんなの求めてないから

人に頼れない（不器用で要領が悪い）

何これ？どういうこと？
ピー
コピー機
電源は入ってるしな…
かれこれ一時間くらいやってる…
今からでも声かけたほうがいいかな…

融通が利かない

ノー残業デーなのはわかるんですけど明日の朝イチでクライアントに提出しなきゃいけなくて…
もう少しで終わるんです
ダメダメ！これは会社の規則だから
早く帰りなさい！

お近づきになるための

4ステップ

1 歩目

興味のある話題から入る

あそこのホールとは相性いいんだよな〜
今度ぜひご一緒させてください！
でちょっと話変わっちゃいますけど相談したい案件がありまして…
まずは石頭さんに聞いてもらいたくて…
おおう…

人の話を聞かない頑固な上司には、興味のある話題から入って流れをつくり、**ご機嫌が最高潮になったタイミングで本来伝えたかった話を持ち出す**のがよいでしょう。適切な話題がわからない場合は、まず共通点を探すことから始めます。なんのきっかけもなく話を聞いてもらうのは難しいため、**最初の取っかかりを見つけるのがポイント**です。

2 歩目

とにかく褒めちぎる！

このプラン完璧ですね！マジ神ですよこれは！
えいや…そこまでは…まだ改善点はありそうだし……
アイデアあったらなんでもいいから言ってよ

「自分の考えは絶対！」という態度を崩すには、**全力で褒めちぎる**のがおすすめ。一見頑固な上司の考えを助長しそうな方法ですが、人は「完璧です！」「すばらしい！」と手放しで褒められると、**逆に疑いを持つ**ものです。これは頑固な上司であっても同じで、考えが揺らぐきっかけになります。否定せずに褒めて改善できるなら、それが一番でしょう。

3歩目

第三者に応援を求める

調子悪いですよね？
手伝わせてください
それでダメなら
総務を呼んで来ます！
あぁ じゃあ
そうしてもらおうかな
一人でもできないことは
ないんだが…
コピー機

人に頼れない頑固な上司に、「できないなら私が」といった声かけはNGです。プライドを傷つけかねません。「自分も気になっていた」と共感を示しながら、第三者の介入を前提に手伝う形を取るとよいでしょう。こうしたサポートを続けて信用度が上がれば、上司の「話を聞かない」「自分の考えが絶対」という態度は和らいでいきます。

4歩目

被る不利益をちらつかせる

わかりました…
クライアントには
僕から謝罪を
入れておきます
その代わり、
謝罪同行
して下さいね
……部長に特例で
仕事していいか
聞いてみるか

頑固な上司はたいていの場合、「上に目をつけられたくない」「特例の対応が面倒」といった理由で動こうとせず、融通が利きません。これに対する対処として、今動かないと負担がかかることになると思わせれば、案外簡単に折れてくれることがあるでしょう。上の例のように、面倒事が増えることをほのめかすと効果てきめんです。

CASE 05

頼りない上司

UNSAFE BOSS

攻略法

やるべきことを整理して明確化してあげる

頼りない上司とは

頼りない上司は、**基本的に決断力がありません**。自信のなさから判断を避け、その間部下は動けなくなってしまいます。上に立つ者として必須のスキルが欠けているのです。また、**部下に注意できない**点も深刻です。部下から軽視され、先輩がフォローしてもその意識はなかなか改善しません。これによって全体の士気が下がり、チームの崩壊を招く可能性があります。さらには、**上からの指示を断れない**ことも問題でしょう。結果として部下の負担が増えてしまいます。なんとか仕事をこなせたとしても、その成功をきっかけにまた無茶な指示をされてしまう可能性もあります。加えて、**イレギュラーが起こるとテンパる**のも頼りない上司の特徴です。慌てて指揮を執って余計に場を混乱させ、さらに自信を失ってしまいます。

頼りない上司の生態

決断できない

そろそろ決めていただかないと…
動けないんですけど…
ええ…どうしようかなぁ…
(小声)私的にはA案が…
う〜ん困ったな…
でもなぁ…君はどっちがいいと思う…？

部下に注意できない

あの…もうちょっと集中してやってもらえると嬉しいかな……？
ハハ…資料汚れない？大丈夫かな？
え？はいはい
すいませーん
でさー
えー

上からの指示を断れず、部下の負担が増える

え!? このタイミングで今週中に追加の新規案件ですか!?
!?
私が今週末に有給取るの伝わってますよね
このパターン先月もありましたよね
う…うん…わかってるんだけど…申し訳ない…

イレギュラーが起こるとすぐにテンパる

落ち着いて！ま…まずはこれを大至急コピー！
あわ
わわ
あわ
わ
あとーあぁ先方には俺から連絡するから…
えっと何て言えばいい？ていうか、今これどういう状況!?
あわ
他寄さんは何もしないで座っててください！
そのコピー！必要ないから！

お近づきになるための 4ステップ

1歩目
決断できない理由をリストにする

はっきり決められない理由はどこですか？
ええっと…A案は内容はいいけど予算が…
B案はノウハウないから上からOK出ないような…
じゃあA案はこれとこれをクリアできればOKですね？

決断力のなさを解決するには、決断できない理由を明確にすることが重要です。先延ばししたいのか、判断材料が不足しているのか、選択肢を求めているのか、具体的に把握しましょう。そのうえで、課題の解決をともに進めていけば、自然とどういった決断をすべきなのかが見えてきます。頼りなくてもイライラせず、寛大な心で解決策を探っていくのが近道です。

2歩目
後輩の前で上司に注意する

他寄さんがしっかりしないからこうなるんですよね!?
もっとしっかりしてください!!
しょん…
…面目ない私が全部悪いんです
すいません…悪いのは私たちなんで…
打ち合わせはバッチリだね

頼りない上司は部下に注意できず、ナメられがち。もし若手の態度の悪さが深刻な場合は、その社員に聞こえるところで上司に強めのクレームを入れる作戦が有効です。その際、事前に上司や周囲に「これは演出だ」と伝え、根回ししておきましょう。これを怠ると、混乱やトラブルを招く恐れがあります。また、この方法は上司自身に自省を促す効果も期待できます。

3歩目

ちゃんとスケジュールを把握させる

私と田中は今週イベントの準備があって木村さんと永田さんはプロモーション周りで稼働です
米山はこの日まで有給…
これ今週の部署の予定です
みんなかなり詰まってるね…

上からの指示を断れず、部下の負担を増やしてしまう原因は、**チームのスケジュールを把握できていないこと**にあります。あらかじめスケジュールを渡しておき、新規案件を受ける際には**必ずそれを確認して受け入れられる仕事の量を考えてもらう**ようにしましょう。頼りない上司と言えども、明らかに実行不可能な仕事量だとわかれば引き受けたりはしません。

4歩目

何を差し置いてもやることをリストにする

取り急ぎこれが他寄さんのTODOリストです!
お願いします!
TODOリスト
えっ…あっうん…
こ…これをやればいいのね

トラブルが起こった時、上司の思考が停止して使いものにならなくなるのはそこまで害がないので大丈夫。しかし、変なスイッチが入り、**余計な指示で混乱を招いてしまう**恐れもあります。そうなる前に、今やることのリストを用意し、**それ以外の行動をさせないよう制限**してください。余計な指示による混乱を防げて、事態を早く収拾できます。

CASE 06

信用できない上司

UNSAFE BOSS

攻略法

「信用を失う」ことを意識させ その場しのぎの癖を封印する

信用できない上司とは

信用できない上司は、どんどん相手のモチベーションを下げる厄介な存在です。主な特徴は、**人によって態度が違う**ということ。部下には横柄で上司にはヘコヘコ、あからさまなエコひいきも日常茶飯事です。**その二面性に周囲は辟易し、不信感を募らせます**。**「やる」と言いながらやらない〝やるやる詐欺〟**も問題でしょう。やってもらいたい業務があっても、上司相手では催促が難しく、放置され続けることも多々あります。また、**「上が言っているから」と部下に無茶振りを押しつける**態度も目立ちます。たとえ**乗り切っても手柄は部下に還元されず、さらなる無茶振りを課される**可能性が高い点も厄介です。さらに、**相談内容を人に言いふらす**ところも見逃せません。業務上の相談は上司にするしかなく、避けられない課題です。

信用できない上司の生態

人によって態度が違う

いちいち細かく聞くなよ こっちだって忙しいんだよ
過去の資料とか いっぱいあるだろ
コロッ
わからないことがあったら 細かいことでも聞いてくれていいから

「やる」と言ったのにやらない

口田さん そろそろ領収書を出してもらわないと困るんですが…
はいはい ちょうど今日やろうとしてたところだから
先日のプレゼン資料のまとめなんですが
そうそう このあとまとめようと思ってたところなんだよ
両方 先週も同じこと言ってた…

なんでも「上が言っているから」で無茶振りしてくる

え!? これを明日までにまとめるんですか
上が言ってるんだからしょうがないんだよ
俺も無茶苦茶だと思ってるんだよ? でもさ〜

相談したことをすぐ人に言う

好井さん なんか転職考えてるんだって?
えっ なんで知ってるんですか
口田さんにしか相談してないのに…
私も聞いたよ…?

お近づきになるための 4ステップ

1歩目 信用できない上司本人の評判をリークする

下山さん
口田さんのことすごく
尊敬してる
みたいですよ
はっきり
言ってくれるから
信用できるんだとか…
…そうなの?
ふーん… そっかぁ
かわいいとこ
あるな…
下山

あからさまな対応の違いを軽減させるには、信用できない上司の評判を本人にリークする方法が有効です。よい噂でも悪い噂でもかまいませんが、相手に「自分の評価が広まっている」と意識させることが重要。よい噂なら感謝や配慮を促し、悪い噂なら接し方を改めるきっかけになります。客観的な視点が養われて、二面性が収まる効果が期待できるでしょう。

2歩目 あっさりあきらめる

じゃあもう
やらなくていいですよ
あきらめますんで
クルッ
え!?
ウソ!?
ダメだよね!?
あとちょっとだけ
待てる!?
今すぐやるから!

〝やるやる詐欺〟には、冷めた態度で対抗するのが手です。最初は優しく依頼し、やってくれなくても「信用していいんですよね」と対応を続けます。それでも行動しない場合は、突き放してあっさりあきらめる姿勢を示すことで、彼らに「最初はあったはずの信用を失った」ということを実感させましょう。上司が行動を改めるための気づきを与えるのです。

3歩目 言い訳を逆手に取る

口田さんも無茶だと思ってますよね？
さぁ、行きますよ!!
ガッシ
でしたら僕も一緒に行くので抵抗しましょう！
ギョッ
え…いや…上が言ってるんだよ？

「上が言っているから仕方ない」という言い訳をされたら、「上司もツラいなら一緒に戦いましょう！」と**前向きに提案**し、その上の人に抵抗しにいく姿勢を見せると上司はひるみます。**「ツラい上司を見ていられない」という大義名分を利用**すれば、信用できない上司が仕事を丸投げする選択肢を封じつつ、無茶振りを回避しやすくなります。

4歩目 被害者の証言をリークする

今相談したことってほかの人に話します？
え？言わないほうがいい？
言わないほうがいいなら内緒にするけど…
前に下山さんが約束したのに拡散されたって…
ブチ切れてたんで…
え…

相談内容を他人に漏らされないようにするには、「ほかの人には言わないで」と頼むだけでは不十分です。その場では了承してもらえても、**結局は守られない可能性が高い**と推測できます。そこで、実際に被害を被った人からの、信用できない上司に対する評判をぶつけましょう。**罪悪感を芽生えさせ、自覚を促す**ことで、行動の改善につながります。

CHAPTER 04

危険な先輩・後輩と歩調を合わせる

職場には一筋縄ではいかない先輩や後輩がいるもの。
本章では、細かすぎる先輩や話を盛る先輩、
整理できない後輩など、
扱いが難しい同僚たちと歩調を合わせるための
ヒントをお届けします。

CASE 01

入らなくなっちゃうんで!
先にコレ入れますね!
重要事項
時間
細かいツッコミ
細かいツッコミ
細かいツッコミ

細かすぎる先輩

CASE 02

ホワイトボードに書きますね!
ここは?
優先順位
1
2
3
要点
グッ

回りくどい先輩

CASE 03

私なんてこーんな!!
もりもりりっ
もりっ
見てー!!
!?
ゴイー!!

話を盛る先輩

CASE 04

マジ?
できないの?
甘えすぎでは…
え…投げるの??うそでしょ??
やりたくない仕事
個人的なタスク

丸投げする先輩

CASE 05

効かない!!
ハァハァ
ボン
普通(自分)
えー何ですかー??
サッ
サッ
わかんなーい
常識(自分)

世話焼きの先輩

CASE 06

ワンコールしてね!
今!!
いまやる
あとでいいや
サッ
いつでも出られるようにしといてね!
やっておく
まだ大丈夫

整理できない後輩

CASE 01

細かすぎる先輩

DANGEROUS COLLEAGUE

重要事項
時間
細かいツッコミ
先にコレ入れますね！
一旦すべて説明させてください！
入らなくなっちゃうんで！

攻略法

指摘されづらい工夫で余計な手間を省く

細かすぎる先輩とは

心配性で細かすぎる人は**完璧主義で些細なこだわりが強く**、それを押しつけられると周囲の人は息が詰まってしまいます。ハンコの位置や資料の配布順まで、彼らの〝正解〟を探る作業に多くの時間が費やされることも。また、気になったことをすぐに質問し、**話を進められなくしてしまう**のも特徴です。さらに、細かいミスには敏感でも、**固定観念に縛られるあまり大きなミスを見逃しがち**。この性分は職場外でも見られ、**彼らの暗黙のルールに対応し切るのは困難**です。しかし、彼らが間違っているわけではなく、言い方やタイミングに問題があるということを理解しておきましょう。社内にこうした人がいることで引き締まる場面もあります。彼らの主張を半分聞いて半分スルーするのが、ストレスを抑え、良好な関係を築く策です。

細かすぎる先輩の生態

些細なこだわりが強すぎる

この円グラフさぁ 16%って書いてあるとこ 18%くらいあるでしょ
ちゃんとして。あとホッチキスの位置もさぁ…
ははぁ… わかりました…
こまけ〜…

話がぜんぜん先に進まない

アメリカでも成功例があり従来よりも効率的にコストの削減が…
待ってアメリカのどこ？例って具体的には？
細かいことはあとでいいじゃん
30分経つけどまだ資料の一ページ目だよ…

細かいところを見すぎて大きなミスをしがち

この提案書とてもよくできているのですが…この技術はうちではなくて○△社さんのものなんですよね…
同業他社の…
え… あーーー!! 大変失礼いたしました!!

マイルールが細かすぎる

お前 昨日のリモート飲み会最悪だったからな
くど
乾杯の時のグラスは目上の人より下だろ
飲み会中につまみがお前だけ宅配で届くとか…
そもそもハンバーガーをつまみにするかねー
若手のつまみはポテチで十分だ
くど
くど
すいません…
リモートでグラスの位置って…

お近づきになるための 4ステップ

1 歩目

些細なこだわりには優先順位を決めてもらう

その修正って
優先順位的には
どれくらいですかね？
ほかにも修正
ありますけど…
優先順位…
コレとコレ…
あとは余裕が
あったらかな…

細かすぎる修正にすべて応じるのは時間のムダであり、非生産的です。そこで、修正の優先順位を決めてもらい、**上位2～3個だけ対応して、残りは時間の都合を理由にスルー**しましょう。「最低限の修正は行った」と主張できる免罪符を得ることで、細かすぎる上司の主張をある程度叶えつつも**自身の修正にかかる手間を省く**ことができます。

2 歩目

細かい指摘は一旦、スルーする

待って
データの例に資料は…
すいません
時間もあるので
一旦すべて
説明させてください
キリッ
おおっ

細かいツッコミで話が進まない時には、**ツッコミをスルーして、伝えたいことをすべて話しましょう**。話が終わるころには初めの疑問を忘れていたり、話を進めていく中で自然と疑問が解決されたりします。もしくは、**会議前に話す内容や資料を事前に共有し、根回ししておく**のもおすすめ。先に気になる点を解消させておくことで、途中のツッコミが減ります。

3歩目

資料は完成前から小マメに見てもらう

今度の提案書
まだ大枠なんですけど
見てもらえますか？
添付で送りましたので―
うんうん あれ？
□×社さんって
○△社との絡みNG
じゃなかったっけ？
えっ…
そうなんですか？
なんか大ポカやらかしたとか…
座組、見直してくれる？

木を見て森を見ないタイプの彼らには、完成品の最終チェックではなく、**大枠の段階から小マメに確認してもらう**のが効果的です。枝葉のない状態で見てもらえば、大きなミスを未然に防げます。この方法は初期段階で彼らのこだわりを取り入れることになるため手間はかかりますが、**最終的な修正を大幅に減らし、チーム全体のミスを防ぐ**メリットがあります。

4歩目

先に細かすぎるマイルールをアピール

ビール おかわり
いただきます！
先輩より先に
おかわり
しちゃダメ！
先輩より
高そうなつまみを
用意しない！
先輩の前では
口元を隠せ！
いちいち
細かすぎるよ！
嫌われるぞ!!

先に細かいマイルールをアピールすることは、最大の対策となります。あえて自分が細かすぎる姿勢を見せ、**「細かすぎるよ！」と相手にツッコませる**のがポイント。周囲には事前に細かい注意をすることを伝え、場合によっては「注意されると不貞腐れる」キャラを演じるのも効果的です。**一度ツッコミを入れた以上、相手は細かい注意をしづらくなります**。

CASE 02

回りくどい先輩

DANGEROUS COLLEAGUE

攻略法

優先順位を整理させて曖昧さを回避する

回りくどい先輩とは

ハッキリものを言う人が好まれる一方で、回りくどい人はしばしば面倒に感じられがちな存在です。彼らの特徴には、**①「どうしたの？」待ちの独り言が多い、②目的を曖昧にしたやり取り、③話のまとまりがない、④自分の口ではなく相手に悪口を言わせる**、などがあります。特にLINEでは、「明日、空いてる？」のような**曖昧な質問をまず送る**ため、ムダなやり取りが増えることがあります。プレゼンでも要点をまとめられず、冗長な説明をする傾向があり、その場合は**事前に資料を準備させるのが賢明**です。また、否定的な話題を振って相手に悪評を言わせるような行動は、関わりたくないと感じさせる要因になります。友人や後輩であれば指摘して改善を促せますが、上司や先輩の場合はなかなかそれができないのが難点です。

回りくどい先輩の生態

「どうしたの？」待ち

なんか知らない警告マーク出てる～！
え～
!?
壊れた!?
消しちゃってOK!?
チラッ
チラッ
チラッ
チラッ
ど
どうしたんですか？
面倒くせ～

本題までのたとえが遠い

たとえば～…
好井さんが森で熊に出会った場合どうする？
私の中には3パターンあるんだけど～
!?
はぁ…
どこにハンコ押せばいいか聞きたいだけなのに…

ぜんぜん話をまとめられない

つまりこの企画では顧客が求めているものを商品化することによって…
あでも人の好みって千差万別なんで要は私たちが何を求められているかを～
つまり～
要は～

自分の口からは言わない

遠輪さん恋塚さんのことディスってたよね？
ナルシストとか自意識過剰とか…
ニヤリ
私は「恋塚さんいつも鏡見てない？何あれ？どう思う？」って聞いただけだよ
ディスってたのは木村さんだよ
モテたくて必死とか～
ムッツリとか～
ほとんど言ったも同じ…

お近づきになるための 4ステップ

1歩目 「どうしたの？」待ちには、バーターで頼み事を

「どうしたの？」待ちの独り言が聞こえてきたら、たとえ面倒でも**相手の機嫌が悪くなる前に声をかけるのが得策**です。ポイントは、相手の欲求を満たしたところで、自分の頼み事を同時に持ちかけること。相手が求めていた通りになったあとは、頼み事を断られづらくなります。**「どうしたの？」待ちは自分の要望を伝えるチャンス**ととらえられるのです。

2歩目 YESかNOで答えられることだけ聞く

教えてもらいたいことがある場合は、**YESかNOで答えられる質問**をしましょう。「どうしたらいいですか？」のような曖昧な質問は避け、「これでいいですか？」と自分の提案を確認してもらう形にします。もしNOと言われたら、「どうすれば？」と聞くと回りくどい説明が始まってしまうので、**「やり直します！」とすぐに退散するのが賢明**です。

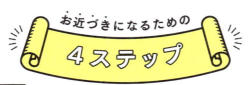

3歩目

優先順位を決めさせる

要点を優先順位で並べるとどうなるかな？
この企画だと…1番は「ニーズの多様性に応える」で
2番は「海外にも展開しやすい」
3番は〜
なるほどー
2番より3番を優先してみるのは？

回りくどい人のプレゼンは、**要点が散らばりがちで時間を浪費**します。改善には、「要点の優先順位はどうなりますか？」と尋ねるのがよいでしょう。その際、ホワイトボードに要点と優先順位を書き出すことで、よりスムーズに話が進行します。目上の人の場合は直接聞かず、**「ホワイトボードに書きますね！」と書記役を買って出る**と自然に話を整理できます。

4歩目

悪口誘導にはすべて褒めで返す

勢木さんって人とか空気関係なくグイグイ来るよねあれどう思う？
そうですよね〜あの行動力は羨ましいです！
本当に？本当にそう思ってる？
思ってますよ？え遠輪さんは違いました？
ええと…

悪口の誘導に対処するには、**発言に感情が乗っているかを見極めることが大切**です。「どう思う？」と聞かれたら、その前の言葉を振り返りましょう。「私は嫌いだけど、どう思う？」は安全ですが、「あの人って○△だよね。どう思う？」は誘導尋問の可能性大です。**誘導を感じたら、あえてポジティブに返答**し、場の盛り上がりよりもリスク回避を優先しましょう。

CASE 03

話を盛る先輩

DANGEROUS COLLEAGUE

ダウト!
ダウト!
私なんてこーんな!!
もりもりっ
もりっ
!?
見てー!!
ホントの話…

攻略法

相手よりも話を盛って周りにツッコんでもらう

話を盛る先輩とは

話を盛ることは誰にでもあることですが、盛り癖がついた人は必要のないことまで誇張します。一度「盛る人」と認識されて信頼を失うと、まともに話を聞いてもらえなくなります。**彼らの話は2～3割盛っていることが常。**それを踏まえたうえで内容を受け取りましょう。「それ盛ってるでしょ！」と指摘しても、ムキになって否定されるだけです。また彼らは**他人の話も盛って広め、話が本人の知らないうちに大げさになってしまう**ことがあります。その背景には、**注目されたい、**尊敬されたいという欲求があり、欲が強いほど盛り度合いも大きくなる傾向があります。これが常態化すると、**盛ってよい場面と悪い場面の区別がつかなくなり、**トラブルを引き起こすことも。話をそのまま鵜呑みにせず、冷静に受け流す姿勢が大切です。

話を盛る先輩の生態

エピソードは2～3割増しがデフォ

去年 私が通した企画だと予算５００万で純利益が１０００万くらい？
来場者３０００人くらいだよね？
そ そうですね
確かに利益はあったけど数字盛りすぎ…
へー すごいですね！

人から聞いた話も盛る

恋塚さんから聞いたんだけど音梨さんって人事部の高山さんのことめっちゃ嫌いらしいよ
ワラ人形まで作ってるって!!
そうなんですか ぜんぜん知らなかったです
!?
「ちょっと苦手かな」とは聞いたことあるけど…

注目を集めるために盛る！

えー！ これ絶対UFOですよ
やっぱそうかなー？
私も見たことあるよ！
目の前に突然３つの光が現れて～
へ～…
それはさすがに盛りすぎでは…

盛っていいことと悪いことがわからなくなっている

今回の契約ほぼ確約もらえたって言ってたよね？
さっき断りの連絡をもらったんだけど…
厳しいとは伝えてますって言ってたよ…？
え あぁ そうですか…
私的には〝アリ寄りの厳しい〟かなって…

お近づきになるための 4ステップ

1歩目

自分も盛って、指摘してもらう

相手が盛っていると気づいたら、**自分もわざと盛った話をする**のが効果的です。事前に周囲に根回ししておき、「盛った話にはツッコむ」よう頼みましょう。周りのツッコミを目の当たりにした相手は、「自分だったら恥ずかしい」と考え、盛る気を失います。そのあと、**「盛るのって恥ずかしいよね」という話題に発展**させれば、自然と盛り癖を抑えられるでしょう。

2歩目

聞いた話をそのまま人に話すのはNG！

話を盛る人と接する際は、**聞いた話をそのまま他人に話さない**ことが重要です。彼らの話に尾ひれをつけ、トラブルに発展した際には共犯扱いされる可能性があります。また、自分の愚痴をこぼすのも避けるべき。悪口のように盛られてしまう恐れがあります。話題の当人に確認するのも有効ですが、**ゴシップの確認は禁物**。新たなトラブルの火種になりかねません。

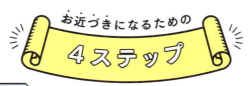

3 歩目

「そんな映画ありましたよね！」

気がついたら真っ白な部屋にいて～……
その後の記憶はないんだけど
あ！ そんな話映画でもありましたよね
そうなの？ えー 気になる！
そういえば最近なんか映画見ました？

話を盛って注目を集めようとする場面に出くわしたら、なるべく早く話題を変えるのが賢明でしょう。くわしく聞いたりツッコんだりしてもムダで、逆に変な空気になるだけです。話題を変える際には、「そんな展開、映画かドラマでなかったっけ？」といったフレーズが便利。一瞬気分を害される可能性はありますが、場の空気をよい状態に保つことが先決です。

4 歩目

確定したこと以外は鵜呑みにしない

好井さんの企画 部長ノリノリだったからほぼ確っぽいよ！
そうなんですね～
じゃあ 決まったら改めて教えてください！

何を言われても鵜呑みにせず、結果が確定するまで冷静でいることを心がけましょう。彼らの話が実現すればラッキー、そうでなくてもダメージを最小限に抑えられます。ただし、他人が盛り話に踊らされていても「浮かれすぎないほうがいい」と助言するのはかえってトラブルのもとになるので避けましょう。あくまでその後のフォローを整えておく程度に留めます。

CASE 04

丸投げする先輩

DANGEROUS COLLEAGUE

やりたくない仕事
え…
投げるの？
うそでしょ？
甘えすぎでは…
できないの？
マジ？
個人的なタスク

攻略法

チームプレーで客観的な視点を持たせる

丸投げする先輩とは

丸投げする先輩とは、状況を無視して業務を丸投げする上司や先輩のことです。特徴としては、①**「これやっといて」となんでも丸投げする、②〝丸投げ〟と〝任せる〟を同じだと思っている、③仕事を丸投げするあまりスキルが退化している、④後輩を秘書のごとく扱う**、といったことが挙げられます。彼らは部下にやる前提の依頼の仕方をするのがかなり厄介です。仕事を投げるのは自分が楽をしたいからであり、「そこそこ優秀で大人しいタイプ」を狙って**丸投げ**します。具体的な指示やサポートはなく、責任放棄そのものです。また、長年の丸投げで基礎能力が低下し、どんどん依存度が増していきます。最終的には、仕事だけでなく個人的な頼み事にまでエスカレート。丸投げする先輩は、日ごとに厄介度が増していくのです。

丸投げする先輩の生態

これやっといてもらっていい？
あとこの直しも～
ついでにこっちも
あとは…なんかないかな
わさっ
わさ
わさ
はい！…えっ？
ああはい…

「これやっといて」が多すぎる

丸奈家さん頼まれた企画書のここなんですがどうしましょう？
え全部任せただろ？
サッ
俺に言われてもわかんないよ～

"丸投げ"と"任せる"の違いをわかっていない

（上司）
そこの項目を消して3ページ目の画像をここに入れて
カタ…
カタ…
えぇっとこれをこうして…あっ違う！
ペーストってどうするんだっけ…

丸投げしすぎてスキルが退化

これ明日使うんだけど要約していて15時になったら出ないといけないから教えて～
おねが――い♡俺忘れちゃうから―
来週出張なんだけどチケット取っといてくれない？
はは
はぁ…
やんなきゃいけないこと山積みなのに…

後輩を自分の秘書だと思っている

お近づきになるための 4ステップ

1歩目
どうやったらできるか相談する

これやっといて〜
スケジュール一緒に見てもらっていいですか？
えっ？
けっこうパンパンで…
おっ！いいね！

頼み事をされてなんでも「承知しました」と受け入れていると、丸投げする先輩の格好の餌食になります。対策に、自分のスケジュールの見える化としてデスクにTODOリストを貼り、頼みづらい雰囲気を出しましょう。なお、丸投げする先輩も伊達に社歴が長いわけではありません。「どうやったらできるか」を一緒に考えると、意外な打開策が見つかることもあります。

2歩目
自分でなんとかしない

あぁ…ん〜正直俺もよくわかってないんだよな〜はっは〜！
ではわかったら教えてください
えっ
急ぎの仕事があるんで…
サッ
GJ！

丸投げする先輩はそもそも仕事内容を理解していません。それでも丸投げするのは「あなたならやってくれる」という甘えが理由で、評価されているとも取れますが、基本的には自分が楽をしたいだけです。自分で解決せず、まず仕事内容を理解してもらいましょう。そのうえで、「どうやったらできるか」を一緒に考えるべきです。時には「自分でやっちゃうか」と思ってもらえることも。

3歩目

大きめの声でヘルプを頼む

好井さ〜ん！
丸奈家さんがやり方
わからないみたいなんで
フォローして
もらえますか？
はーい
おかしいな ハハ…
以前は
できたんだけどね
ハハ…

丸投げしすぎて基礎能力が低下した先輩や上司には、**少しプレッシャーをかけましょう**。あまり接点のない同僚に協力を頼み、「○△さん、これできないみたいだからお願い」と**周囲に聞こえるように伝える**のがポイントです。恥ずかしさや申し訳なさから、自分でやろうとする意識を芽生えさせられます。もし「恥をかかせた」と怒られてもとぼければ大丈夫です。

4歩目

第三者の声で“当たり前”をリセット

丸奈家さん
言われてた15時に
なりましたよ！
あと頼まれてた資料
わかりやすく
まとめておいたんで
置いときますね〜！
なんか
丸奈家さんのお母さん
みたいですね〜
え!? いや 違うんだよ
そういうんじゃ
なくて…

個人的な頼み事まで丸投げされる時は、**客観的な視点を持たせる**ことが大切。「この時間になったら教えて」という依頼は、「お母さん、明日8時に起こして！」と同じ構造で、甘えが目立つ行動です。直接「母親みたいですね」と指摘すると角が立つため、第三者から指摘してもらい、恥ずかしさを感じさせましょう。**チームで丸投げ癖を改善させる**のです。

CASE 05

世話焼きの先輩

DANGEROUS COLLEAGUE

攻略法

「わからない」姿勢で相手の普通や常識から身を守る

世話焼きの先輩とは

世話焼きの先輩は最初は頼れる存在に見えますが、仲が深まるにつれて**過剰な干渉や上から目線の態度**が目立っていきます。彼らの行動は「相手が求めているかどうか」ではなく、**「自分がしてあげたい」という自己満足が原動力**になっています。人に喜んでもらえて褒めてもらえた過去の成功体験が根底にあり、世話焼き行動を加速させているのです。また、彼らは**周りに迷惑をかけることを極端に嫌い**ます。そのため周囲への注意やアドバイスを積極的に行い、それが「ちゃんとした人」という自身の評価につながることを期待しているのです。さらには**「自分が正しい」という信念**からアドバイスが命令口調になりがちで、彼らは**頼られないと不機嫌になる**ため断るのも難しく、**やんわり拒否しても遠慮や強がりと解釈**されてしまいます。

世話焼きの先輩の生態

求められていないのにアドバイス

音梨さん
もっと色のついた
財布持たなきゃー
運気下がるよ！
今度 財布見て
もらいに行かない？
いい占いの先生に
出会ったんだ～
はぁ まぁ…
タイミングが
合えば…
タイミングとか
言ってるから
ダメなんだよ～

周りへの迷惑を気にしすぎる

あとどれくらい
ですかね？
ちょっと様子
見てきますね！
メニューも
借りてくるんで
注文も決めちゃいましょ
ダメダメ！
ほかの人はちゃんと
待ってるんだから！
お店の人にも
迷惑でしょ？
恥ずかしいから
やめてよ～

自分が正解だと信じている

今日の服装
ハデすぎない？
会社なんだから
もう少し
普通なほうが
印象いいわよ
あなたのために
言ってるのよ？
はぁ…
そうなんですか…
「普通」ってナニ？

頼らないと怒る

この前のプレゼン
ダメだったんだって？
なんで私に一言
相談しないの
いいやり方
あったのに!!
なんで聞かないかな～
すみません…

お近づきになるための 4ステップ

1歩目 気を遣わせる

求めていないアドバイスをされた時、聞き流すだけでは不十分です。**建前でも受け入れたと認識されると、実行するまでしつこく言われる**可能性があります。そこで持ちものやプライベートな話題については、「親の形見」や「嫌なことを思い出してしまう」といった**センシティブな理由を示す**と、察しのいい彼らは気を遣って二度と触れてこなくなるでしょう。

2歩目 前例をつくっておく（初めてのことはやらない）

世話焼きの先輩の言う**「周り」とは、実際には自分である場合が多い**です。「私はいいけど周りが迷惑」との発言は、自分が悪く思われないようにするためのもの。この場合、**前例をつくっておくと、周りを気にした発言を抑えることができます**。前にも同じ状況があったことがわかれば、「そこまで気にしなくてもいいかも」と一息ついてもらえるでしょう。

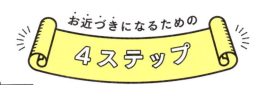

3歩目

バカなフリをする

はぁ… 印象がいい？
そうなんですかぁ…
あぁ… ん～…
私のため…
ん～？
あ～
…ん？
…わかんないなら
もういいよ

世話焼きの先輩の「自分が正解」という考えに納得できない場合は、真に受けて反論したりせず、「わからない」姿勢を貫くのが効果的です。最初は自分の普通や常識を押しつけてきますが、まったく響かない様子を見せると「この人には通用しない」とあきらめます。結果的に「変わっている人」と思われても嫌われることはなく、適度に距離を置ける方法です。

4歩目

頼らない理由を褒めながら言う

なんで私に
相談してくれない
かなー!?
今回は自分で
やらないと
成長しないと
思いまして…
瀬羽さんに
頼ると正解しか
出ないじゃないですか？
そ
そうなの？
ん～そっか～
その気持ちは
わかるけど～

頼らないと怒る場合は、頼らなかった理由に褒め言葉をプラスして伝えるのが効果的です。彼らの最終的な目的は褒められることであるため、「○△さんは正解しか出さない」「○△さんを頼るのは反則」「○△さんに頼っていたら成長できない」などのフレーズを事前に用意しておくとよいでしょう。これは簡単で使いやすい鉄板の対処法です。

CASE 06

整理できない後輩

DANGEROUS COLLEAGUE

ワンコールしてね！
今!!
いまやる
あとでいいや
やっておく
サッ
いつでも出られるようにしといてね！
まだ大丈夫

攻略法

失敗を見越して先手を打つ

整理できない後輩とは

整理できない人は、職場では特に問題を引き起こしやすい存在です。**必要な資料がすぐには見つからず**、頭の中も整理できていないため、**まとまりのない報告**や優先順位の欠如が目立ちます。また、**後回しにする癖が原因で連絡先の登録を忘れてしまい**、相手が誰か電話に出ないとわからない状況になることも。さらに、**準備不足から出発するのに時間がかかり、人を待たせがち**です。結果としてデスク周りが散らかり、それがさらなる悪循環を引き起こしてしまいます。こうした行動は**チーム全体の時間を奪うため、早急な改善が求められる**でしょう。しかし「整理しろ」と言われてすぐにできる人なら、そもそもこの問題は起きません。具体的なサポートやしくみをもとに、**根気よく改善に取り組んでいく必要があります**。

整理できない後輩の生態

必要な資料はいつも行方不明

片塚さん 先週まとめてもらった資料コピーしてもらえる？
え〜っとおっかしいな〜？ここに置いたはずなのに
こっちかな？ いやこっちかも？ そう見せかけてここにとか

報告がヘタすぎる

先方的にはこっちのA案のほうがいいそうなんですけど話している流れで「やっぱりC案もありじゃない」ってなってC案になりかけたんですけど「一周してBもありだね！」って…
つらつら〜
あ、この時に予算の話になったんですけど〜
…最終的にどうなったかだけでいいんだけど…

連絡先を登録しない

どうしたの？
ショートメールで「先日は打ち合わせありがとうございました」って来たんですけど誰かなって…
じ〜
あとさっきかかってきたこの番号どこの会社ですかね？
これも知らない番号だな〜…
それ私のだよ…折り返しがないと思ったら…

出発するのに時間がかかる

片塚さんぜんぜん出てこないですね…
出るよって言ってから10分経つよ…
えっとあの資料入れたっけ!?
名刺入ってる!? 入れてないじゃん!

お近づきになるための 4ステップ

1歩目 置き場所を一緒に決める

必要な資料が見つからない問題は、整理を徹底させるしかありません。ただし、**本人任せの〝自分なりの整理〟は避けるべき**です。そもそも片づけ方を知らない場合が多いため、一緒に整理を進めてやり方を教えます。**作業は本人にさせ、ものの配置を覚えさせましょう**。自分と同じやり方にしておくと資料を探す手間が減り、本人不在でも対応しやすくなります。

2歩目 結論から先に報告してもらう

報告をさせる際は、漠然と報告させるのではなく、**知りたいことをピンポイントで尋ねる**スタイルに変えるのが効果的です。必要な情報を得たら「お疲れ、ありがとう」としめくくり、さらに気になる点があればそれも具体的に尋ねます。このやり取りを繰り返すことで、相手は**「何を求められているか」を理解でき**、報告がスムーズになります。

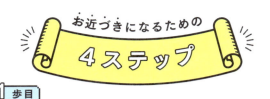

3歩目

連絡先はその場でワンコール

連絡先問題の対策は、名刺交換後にその場でワンコールすることです。これで履歴に日時が残り、もしその場で名前を登録していなくても、あとでスケジュールと照らし合わせて誰の番号か確認できます。ワンコールが難しい場合は、別れた直後にメールやメッセージでお礼を送らせるようにすることで、連絡先の履歴を残すことが可能です。

4歩目

出発時刻を教えない

待たせがちな後輩には、出発時刻をあえて教えず、曖昧にしておきます。具体的な時間を伝えると準備を後回しにするため、「まだはっきりわからないけど、いつでも出られるよう準備しておいて」と伝えましょう。いつ出るかわからないプレッシャーが後回しを防ぎます。ただし、待たずに先に行くといった荒療治はミスを誘発するためNGです。

EXTRA CHAPTER

ダメな自分をマネジメントする

他人との関係性ばかりに気を配っても、
自分自身との付き合い方が疎かだと本末転倒です。
本章では、自己肯定感の低さや先延ばし癖、
人と比べてしまう自分など、内面の課題を乗り越え、
自分らしく生きるための方法を紹介します。

CASE 01

1日1回、
鏡の中の自分を
褒めてみて
ください

自己肯定感が低い

CASE 02

『5秒ルールで
先延ばし
ゼ〜ロ〜』
あ、ありがとうございます
読んでみようかな…
5秒ルールで先延ばしゼ〜ロ〜
やる気のバイブル！

面倒くさいことは
なんでも先延ばしにしてしまう

CASE 03

相づち教室
「相づち」と「質問」は
意見出しの
準備運動だ！
参加者募集！

自分の意見が言えない

CASE 04

いいね！：146,122
teruyo22 DIYです！
やっと上手に塗れるように
材料は100均で見つけ
ホームセンターの……
……
これ手づくりなんだ…
材料は100均？

ほかの人と比べてしまう

CASE 05

他人は自分を
映す鏡！
人の悪いところが
気になったら、
「自分は大丈夫？」と
振り返りを。
？
何ですか？

人の悪いところばかり
気になる

CASE 01

自己肯定感が低い

1日1回、鏡の中の自分を褒めてみてください

攻略法

短所や長所を含めた自分らしさを受け入れる

自己肯定感が低い人とは

自己肯定感という言葉は、自分の価値や存在意義を肯定できる感情を指し、**「私は私」と自己を受け入れる感覚**とも言えます。自己肯定感が低いと、失敗を恐れて行動できなかったり、褒め言葉を素直に受け入れられなかったり、自分の判断に自信を持てなかったりします。一見すると個性として片づけられる問題にも思えますが、自己肯定感の低さは周囲にも悪影響を及ぼすことがあるので注意が必要です。たとえば「どうせ失敗するから」「私なんて」という否定的な発言や、判断を任せて責任を放棄する態度が**他人のやる気を削ぎ、疲労感を与えてしまいます**。結果的に、人間関係が疎遠になったとしてもおかしくないでしょう。そのため、自己肯定感を高める努力は本人だけでなく、周囲の人々のためにも重要と言えます。

自己肯定感が低い人の生態

私はこの喫茶店で働く ごくごく普通のパート
だけどこの店にはなぜか 自分に課題を抱えた お客さんが集まるんです
今日のお客さんたちも どうやら お悩みの様子…
で 最近恋愛のほうは どうなのよ?
それがぜんぜん… そもそも 出会いがないしさ〜
もはや来世に 期待だよ
どよん…
せっかく紹介しても 恵子は奥手すぎる からね〜
もっと自分から グイグイ行かないと!
ムリムリ! 私なんかが グイグイ行ったら 絶対引かれちゃうし!
グイグイ行ってる 自分もキモい!
オシャレだし かわいいから モテると 思うんだけどなー
紹介した ケンイチくんも 仲良くなりたいって 言ってたし
あ〜…

＼続き／

自己肯定感が低い人の生態

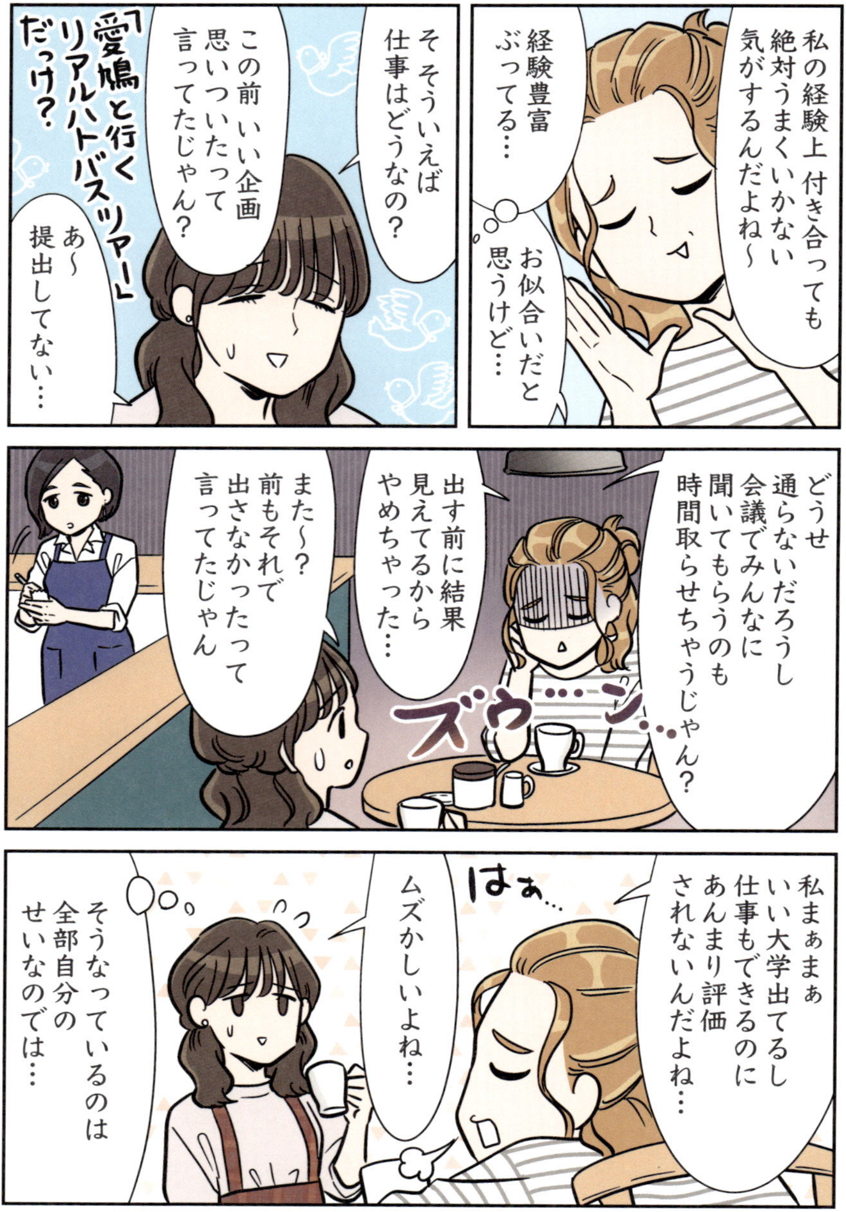
私の経験上 付き合っても絶対うまくいかない気がするんだよね～
経験豊富ぶってる…
お似合いだと思うけど…
そそういえば仕事はどうなの？
この前いい企画思いついたって言ってたじゃん？
「愛鳩と行くリアルハトバスツアー」だっけ？
あ～提出してない…
どうせ通らないだろうし会議でみんなに聞いてもらうのも時間取らせちゃうじゃん？
出す前に結果見えてるからやめちゃった…
ズウ…ン…
また～？前もそれで出さなかったって言ってたじゃん
私まぁまぁいい大学出てるし仕事もできるのにあんまり評価されないんだよね…
はぁ…
ムズかしいよね…
そうなっているのは全部自分のせいなのでは…

自己肯定感を高めるための

セルフマネジメント

POINT 1 自己肯定感を高める第一歩は認識と考え方の転換

まずは自分の問題を認識し、「もともとの性格だから仕方がない」とあきらめないことが大切です。自分はネガティブだと思うなら、それを「自己肯定感が低い」という表現に置き換えてみてください。いきなりポジティブ思考に変えるのは難しくても、自己肯定感は徐々に高めることができます。また、これまでの失敗も成長の糧ととらえ、プラスに変換していきましょう。

POINT 2 〝本当の自分〟を受け入れることが大切

自己肯定感が低い人は、自分の短所を直視しようとしません。一方で、自己肯定感が高い人は短所を含めた〝本当の自分〟を受け入れています。この姿勢が、他者からの評価を自然体で受け止める余裕につながるのです。そうなるためには、自分の短所を正しく認識し、その上で自分自身を褒める習慣をつけましょう。鏡に向かって「今日もよく頑張った」と声をかけるだけでもOKです。

今日から変われる心構え

- 自己肯定感を「徐々に高めていく」意識
- 失敗は成長の糧ととらえる
- 自分自身を褒める習慣をつける

CASE 02

面倒くさいことはなんでも先延ばしにしてしまう

あ、ありがとうございます
『5秒ルールで先延ばしゼ〜ロ〜』
読んでみようかな…
5秒ルールで先延ばしゼーロー
やる気の
バイブル!

攻略法

「やらなきゃ」と思ったら5秒以内に着手。完成度は後回しに

なんでも先延ばし癖のある人とは

物事を先延ばしにすると、徹夜や予定の後ろ倒しをしなければならなくなります。段取りやスケジュールを立てたとしても、それがすべて無意味となってしまうでしょう。原因のひとつは、自分のスキルを過信していること。計画通りに進められると楽観視し、結果的に仕上がりが雑になりがちです。また、「○△してからやろう」という心理も特徴的で、何かと理由をつけてほかのことに優先順位を置いてしまいます。さらに、計画性の欠如も問題。無理な予定を組んでのちに破綻するケースは少なくありません。先延ばしにすると一時的に気が楽になりますが、結局は期限が近づくほどストレスが増大し、そのメリットは相殺されてしまいます。この癖を自覚している人は、意識的に改善に取り組むべきでしょう。

先延ばし癖のある人の生態

お待たせー!
レポート片づいた?
それがさ 簿記の試験勉強に 時間取られちゃって 半分しか終わらなかった…
半分…
「今日中に 終わらせなきゃ」って 言ってなかった?
ああ… うん…
あれ?
昨日電話で 「これから簿記の課題 片付ける」って 言ってたけど…
え あぁ そうだった… ね
…さき もしかして…
ごめん!! ドラマ見ちゃった
やっぱりな… 絶対後回しにすると 思ってたわ…
大丈夫! 気になることは先に 終わらせたほうが 集中できるじゃん?
4話ぶっつづけで見ちゃった!
それは現実逃避って 言うんだよ…
menu

\ 続き /

先延ばし癖のある人の生態

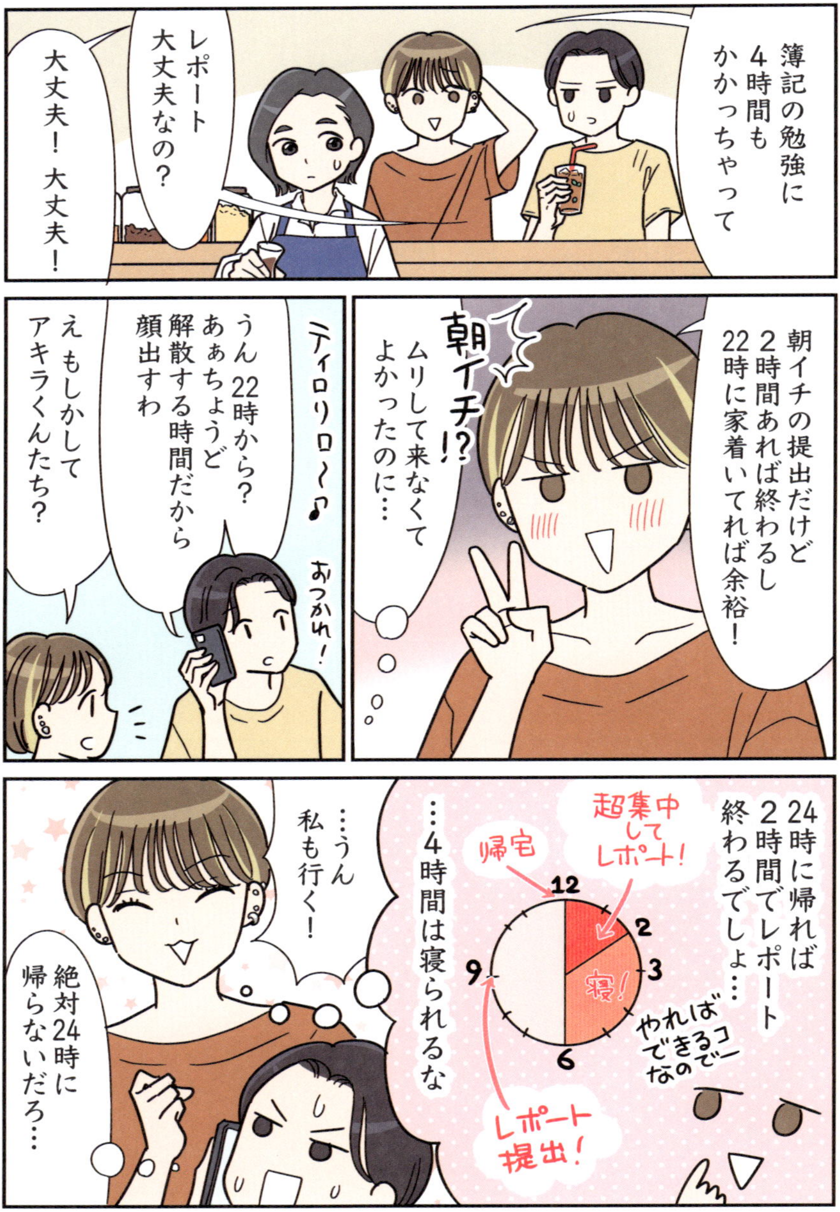
簿記の勉強に4時間もかかっちゃって
レポート大丈夫なの?
大丈夫! 大丈夫!
朝イチの提出だけど2時間あれば終わるし22時に家着いてれば余裕!
朝イチ!?
ムリして来なくてよかったのに…
テイロリロ〜♪
おつかれ!
うん22時から? あぁちょうど解散する時間だから顔出すわ
えもしかしてアキラくんたち?
24時に帰れば2時間でレポート終わるでしょ…
超集中してレポート!
帰宅
12
2
3
寝!
9
6
レポート提出!
…4時間は寝られるな
やればできるコなので
…うん私も行く!
絶対24時に帰らないだろ…

先延ばしにしないためのセルフマネジメント

POINT 1 まずは終わらせることを優先するのが大事

先延ばし癖のある人は、目標設定が高すぎて着手のハードルを上げてしまう傾向があります。「完成度を後回しにする」という考え方を意識し、まずは最後までやり遂げることを目標にしましょう。完璧でなくても、まずは提出可能な状態にしておくことが重要です。これによって心理的な負担が軽減され、結果として、修正を加えるといった完成度を高める行動も取りやすくなります。

POINT 2 5秒以内に動けば自然と作業に集中できる

「やらなきゃ」と思ったら5秒以内に着手する〝5秒ルール〟は、先延ばし癖の改善に有効です。この時間内に動き出せば、脳がやらない理由を考える暇を与えずに、自然と行動に集中できます。メル・ロビンズ著『5秒ルール―直感的に行動するためのシンプルな法則』にくわしい方法が載っているので、一度読んでみるのもおすすめです。「とりあえず動く」意識が高められます。

今日から変われる心構え

- 完璧を求めすぎず、着手を優先する
- まずは最後までやり遂げる
- 〝5秒ルール〟が最大のカギ

CASE 03

自分の意見が言えない

相づち教室
「相づち」と「質問」は
意見出しの
準備運動だ！
参加者募集！

攻略法

声を出すことに慣れて 発言のハードルを下げる

自分の意見が言えない人とは

「謙虚で控えめ」と言えば美徳に聞こえますが、自分の意見が言えないことに悩む人は少なくありません。人に流されやすく、新たな意見が出るたびに心が揺れて、自分の立場が定まらないこともあるでしょう。それは、責任を負いたくないという気持ちが強い傾向ともいえます。自分の意見に自信を持てず、決定を下すことに恐れを感じているのです。自分にプレッシャーをかけすぎて、「みんなを納得させなければ」と考えすぎて緊張し、言いたいことが十分に伝えられないのでは。しかし、職場などで自分の意見を伝えられないままだと、周囲から「従うだけの人」と見なされ、損な役回りを押しつけられる可能性があります。この状況にモヤモヤを感じているなら、自分の意見を少しずつでも伝える練習を始めていきましょう。

自分の意見が言えない人の生態

でもこっちに泊まったほうが海近いよ？
わいわい
そうなんだけどこっちのホテルのほうがご飯美味しそう…
沖縄
てかつぐみの意見は？
そうだよ！どっちがいいと思う？3人で行くんだよ？
え…うん…私はご飯が美味しそうなほうがいいかな…
って思ったんだけど…ユウナの意見聞いてたら海が近いのもいいかなぁって
だったらつぐみの一票で決定ね！
そうしよう！
2人が言うならー
えっ！ムリムリ！私の意見で決まるとかやめて！
ヒイイイイ〜
いや…そんな重く考えなくても…
私もどっちでもいい感じだったし…

＼続き／

自分の意見が言えない人の生態

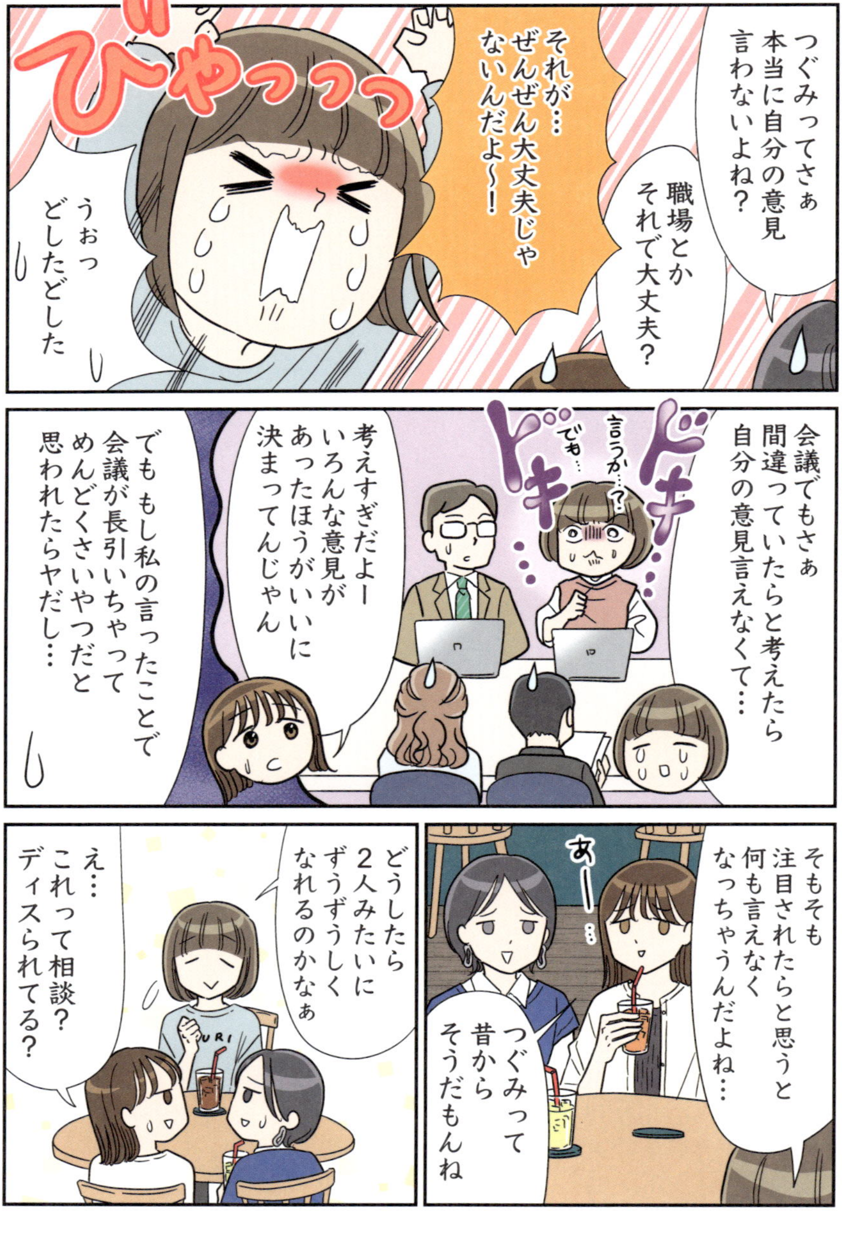

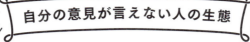

自分の意見を伝えるための

セルフマネジメント

POINT 1 自分の意見を言いやすい環境を整える

自分の意見が言えない理由として、自信のなさや緊張に弱いことが挙げられます。一朝一夕でこれを克服するのは難しいため、まずは**意見を言いやすい環境を整えることが大切**。考えすぎてしまう人は自分の意見を言おうとすると、発言内容だけでなく、**発言するタイミングや発言後のことを気にしてしまう傾向があります**。そういったムダな緊張をしなくて済む環境や人間関係を、まずは整えましょう。

POINT 2 質問と相づちで緊張を和らげる

発言の緊張を減らすには、質問や相づちを活用することが効果的です。意見を言うのではなく、疑問に思ったことをただ質問するという意識でOKです。とりあえず**声に出す習慣**をつけましょう。また、「なるほど」や「確かに」と**相づちを打つことで、会話に参加している感を出す**ことができます。これらを繰り返せば、緊張が和らいで発言のハードルが下がっていくはずです。

今日から変われる心構え

- 質問をすることに集中
- 適度な相づちで会話に参加
- 声を出すことに慣れる

CASE 04

ほかの人と比べてしまう

照代のアカウント→
(フォロワー25万)
teruyo22
ムッ…
ステキインテリア…
キラキラライフ…
いいね!：146,122
teruyo22 DIYです!
やっと上手に塗れるよう
材料は100均で見つけ
ホームセンターの……
……
え…
これ手づくりなんだ…
材料は100均?

攻略法

学びの姿勢を保てば プライドが邪魔をしない

ほかの人と比べてしまう人とは

他人と自分を比べて落ち込んだり、安心したりする経験は誰にでもあるのではないでしょうか。比べること自体は一概に悪いことではありませんが、問題はその結果、劣等感や嫉妬、責任転嫁などの負の感情に支配されてしまうことです。学歴や給料、SNSのフォロワー数などの比較対象が多いほど、特にプライドが高い人は「自分も本来そうなれるはず」と思い込み、自己中心的な考えに陥りやすくなります。近年では、SNSがこの状況を悪化させています。SNSにあふれる他人の特別な瞬間と自身の日常を比べることで、現実が色あせて見え、孤独感や嫉妬心が膨らんでしまうのです。これらを防ぐには、「自分は自分」という思考を持ち、SNSとの健全な付き合い方をしていくことが必要だと言えるでしょう。

ほかの人と比べてしまう人の生態

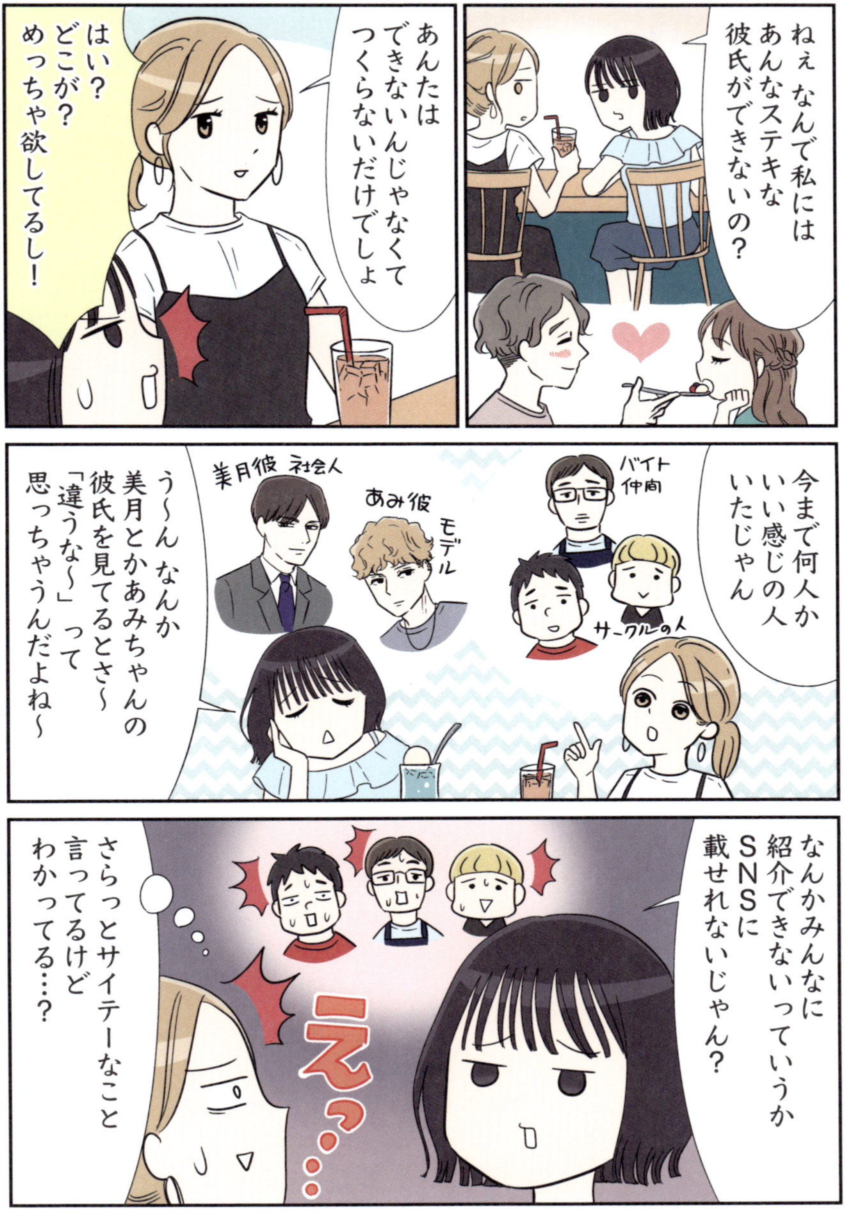
ねぇ なんで私には あんなステキな 彼氏ができないの？
あんたは できないんじゃなくて つくらないだけでしょ
はい？ どこが？ めっちゃ欲してるし！
今まで何人か いい感じの人 いたじゃん
バイト仲間
サークルの人
あみ彼 モデル
美月彼 社会人
う〜ん なんか 美月とかあみちゃんの 彼氏を見てるとさ〜 「違うな〜」って 思っちゃうんだよね〜
なんかみんなに 紹介できないっていうか ＳＮＳに 載せれないじゃん？
えっ・・・
さらっとサイテーなこと 言ってるけど わかってる…？

＼続き／

ほかの人と比べてしまう人の生態

あトモコ
また家族とハワイ
行ってんのか〜
…えっ！
待って!!
どした？
急にSNSパトロール
し始めたと思ったら…
ウソでしょ!?
ハム子に彼氏できてる!!
しかもイケメン！
hamko
hamko：彼氏できました！
yoko：おめでとー！
へ〜よかったじゃん！
ずっといなかったもんね
ギリギリギリ
最悪！
なんか腹立って
きたんだけど…
なんで!?
美容師か…
あでも美容師って
給料高くないって言うしね
すぐ別れそー
ハハッ
しかも
遊んでそうじゃん？
たぶんっていうか
絶対遊ばれてるよね？
すげー自尊心を
保とうとしてる…
けど嫉妬が
あふれすぎてる…

比べて負の感情にならないための セルフマネジメント

POINT 1 結果ではなく過程を見つめよう

他人の成功やキラキラした投稿を見て落ち込んだ時は、その**過程に注目することが大切**です。たとえば、高級ホテルに宿泊した人を見て「いいな」と思うのはOKですが、泊まれない現状を嘆くのではなく、どうしてその人が泊まれるようになったのかを考えてみましょう。そこがわかれば、自分が高級ホテルに泊まるためにはどうすればよいのか、**努力や工夫のヒントを得られます**。

POINT 2 相手に対して学びと尊敬の意識を持つ

過程に注目する際は、相手を先生だと思い、学びの姿勢で臨みましょう。学んだ過程が自分には難しいと思ったら、**執着せずにあきらめ、相手を素直にリスペクト**してください。過程を知ることで「自分には努力が足りない」と気づき、自分を奮起させるきっかけにもなります。他人の結果に焦るのではなく、**その背後にある努力を考えれば、自分も前向きに進んでいける**でしょう。

今日から変われる心構え

- 結果ではなく過程に注目する
- 学びの姿勢を保つ
- 執着せず、素直に相手をリスペクト

CASE 05

人の悪いところばかり気になる

他人は自分を映す鏡！人の悪いところが気になったら、「自分は大丈夫？」と振り返りを。
何ですか？

攻略法

他人の短所が気になったら自分は大丈夫か振り返る

人の悪いところばかり気になる人とは

人の悪いところばかり気になってしまうのには、主に心理的要因が関係しています。特に、イライラや精神的な余裕のなさが影響している場合が多いです。心理学的に、その時の気分と一致する情報は目につきやすいとされています。イライラしていると人の短所が気になり、一方で好きな人の長所は自然と目に入るのと同じ原理です。また、イライラの背景には自分への自信のなさが隠れていることもあります。どうにか自分の評価を維持しようと、他人の欠点を探しがちになるのです。このような状況では、相手をリスペクトする余裕がなくなり、攻撃的になりやすいと言えます。さらに、完璧主義者は完璧を求めるあまり自分や他人の欠点に過剰に敏感になる傾向があり、悪いところを見つけるのが癖になっている場合もあります。

人の悪いところばかり気になる人の生態

＼続き／

人の悪いところばかり気になる人の生態

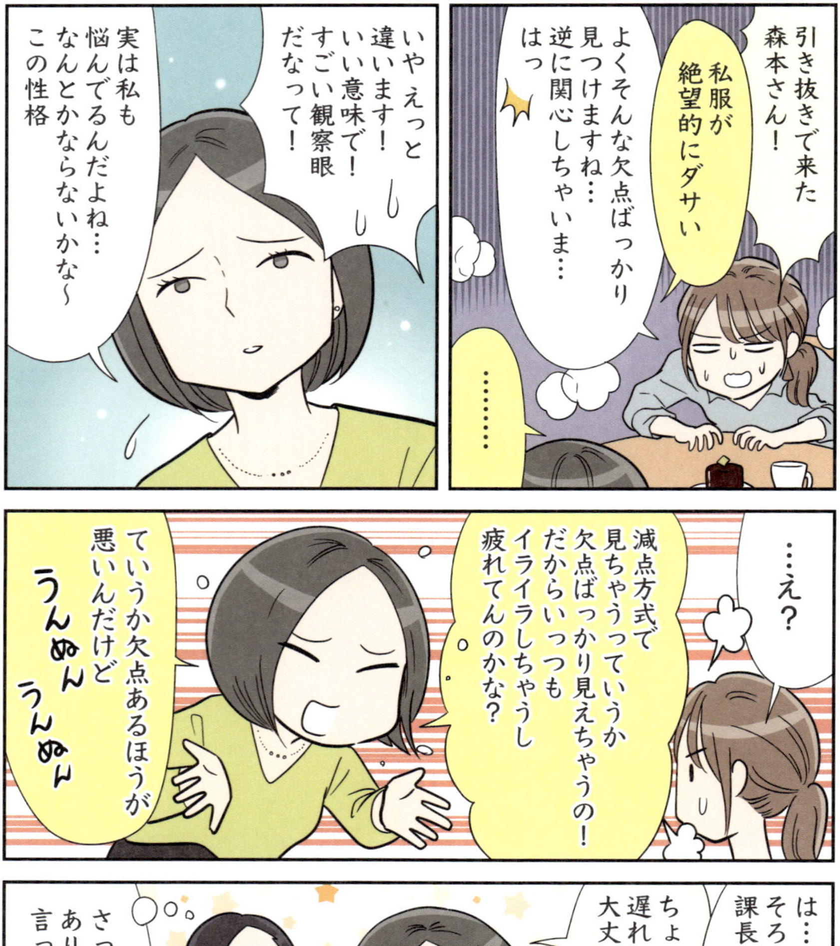

引き抜きで来た森本さん！
私服が絶望的にダサい
よくそんな欠点ばっかり見つけますね… 逆に関心しちゃいま… はっ
………
いやえっと違います！ いい意味で！ すごい観察眼だなって！
実は私も悩んでるんだよね… なんとかならないかな～ この性格
…え？
減点方式で見ちゃうっていうか 欠点ばっかり見えちゃうの！ だからいっつもイライラしちゃうし 疲れてんのかな？
ていうか欠点あるほうが悪いんだけど
うんぬん うんぬん
は…はぁ あの そろそろ戻らないと 課長が待ってますよ…
ちょっとくらい遅れても 大丈夫！ 大丈夫！
さっき時間にルーズは ありえないって 言ってた気が…

人の悪いところを気にしないための セルフマネジメント

POINT 1 ありのままの自分を受け入れて心にゆとりを持つ

自分自身を認めてあげることができれば、心に余裕が生まれ、人の短所が気になりづらくなります。たとえ他人の欠点に気づいてもイライラすることは少なくなり、むしろ長所を見つける力が養われるでしょう。完璧主義も自分の欠点への過敏さが原因であることが多いです。心にゆとりを持つためには、まず自分を受け入れ、自己肯定感を高めてありのままの自分に自信を持ちましょう。

POINT 2 短所への視線を自己改善に利用する

他人は自分を映す鏡です。他人の欠点が目についた時、自分にも同じ特徴がないかを振り返ってみましょう。他人の短所をノートに書き出し、自分自身を客観的に見つめ直すことは、気づかなかった〝本当の自分〟を知るきっかけになります。周囲ではなく自分にベクトルを向けることで、周囲からの評価が下がらずに済み、また自分自身の短所を認めて成長することができます。

今日から変われる心構え

- 自分の欠点を受け入れる
- 心にゆとりを持つ
- 他人の短所に気づいたら自分を省みる

著者 トキオ・ナレッジ

誰でも知っていることはよく知らないけれど、誰も知らないようなことには妙にくわしい雑談ユニット。
弁護士、放送作家、大手メーカー工場長、デザイナー、茶人、ライター、シンクタンク SE、イラストレーター、カメラマン、新聞記者、ノンキャリア官僚、フリーター、主夫など、多彩な職業のメンバーで構成される。
著書に『正しいブスのほめ方』『ずっと信じていたあの知識、実はウソでした！』
『メンタルにいいこと超大全』（すべて宝島社）など。累計発行部数は 120 万部を超える。

イラスト カマタミワ

ひとりぐらし歴 20 年超え、東京在住のイラストレーター。コミカル、ギャグ、可愛い系のタッチを得意とし、挿絵、マンガ、体験ルポ、キャラクターデザインなど、幅広い分野で活躍している。
2015 年から、Web でマンガブログを連載。主な著書に『気づいたら独身のプロでした』
『ひとりぐらしこそ我が人生』（ともに KADOKAWA）などがある。

STAFF

企画・構成　坂尾昌昭（トキオ・ナレッジ）
コミュニケーション監修／漫画原作　溝端隆三

イラスト　カマタミワ
編集　細谷健次朗（株式会社 G.B.）
編集協力　吉川はるか、池田麻衣
デザイン　酒井由加里（Q.design）
DTP　G.B. design house、岩崎忠好

やさしすぎる「あなた」のための
しんどくならないコミュニケーション図鑑
2025 年 4 月 1 日　第 1 刷発行

発行人　川畑　勝
編集人　高尾俊太郎
企画編集　志村厚樹
発行所　株式会社Gakken
〒 141-8416　東京都品川区西五反田 2-11- 8
印刷所　TOPPAN 株式会社

●この本に関する各種お問い合わせ先
本の内容については、下記サイトのお問い合わせフォームよりお願いします。
https://www.corp-gakken.co.jp/contact/
在庫については　Tel 03-6431-1201（販売部）
不良品（落丁、乱丁）については　Tel0570-000577
学研業務センター　〒 354-0045　埼玉県入間郡三芳町上富 279-1
上記以外のお問い合わせは　Tel0570-056-710（学研グループ総合案内）
ISBN978-4-05-407034-9

学研グループの書籍・雑誌についての新刊情報、詳細情報は、下記をご覧下さい。
学研出版サイト　https://hon.gakken.jp/

本書は『TOWNWORK マガジン PRODUCED BY RECRUIT』（https://townwork.net/magazine/）に加筆修正を加え、再編集したものです。